Nordrhein-Westfalen

Zentralabitur Deutsch 2025

Grundkurs

Arbeitsheft

Texte, Themen und Strukturen

Deutschbuch für die Oberstufe

Herausgegeben von
Andrea Wagener

Erarbeitet von
Christoph Fischer
Alexander Joist
Frank Schneider

Cornelsen

1 Georg Büchner: „Woyzeck“

1.1 Vor der Lektüre

1 a Untersuchen Sie das Cover der Graphic Novel zum Dramenfragment „Woyzeck“ von Georg Büchner.
b Entwerfen Sie auf dieser Grundlage eine kurze mögliche Handlungsübersicht.

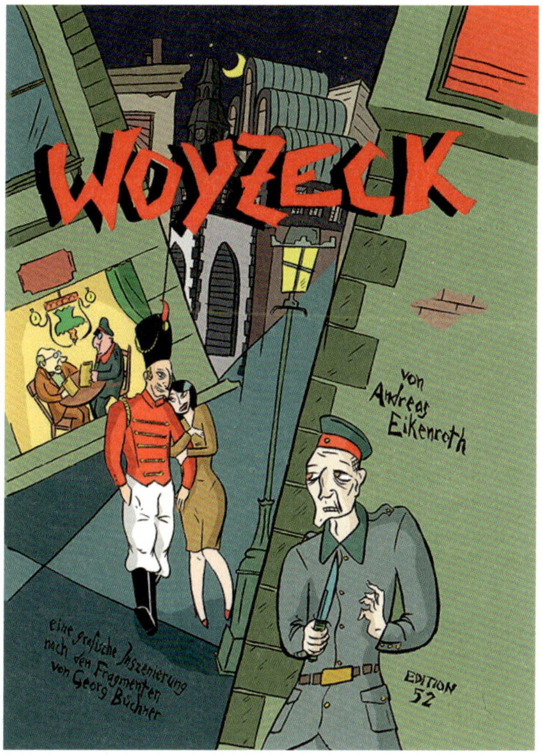

c Vergleichen Sie Ihre Ergebnisse mit denen Ihrer Mitschülerinnen und Mitschüler hinsichtlich Gemeinsamkeiten und Unterschieden.

2 a Lesen Sie die Szene „Freies Feld. Die Stadt in der Ferne“. Notieren Sie den Eindruck, den der Protagonist Woyzeck auf Sie macht. In welcher Verfassung befindet er sich?

b Untersuchen Sie die Szene im Hinblick auf Vorausdeutungen auf den weiteren Handlungsverlauf des Dramas. Ergänzen Sie hierzu die Tabelle in Ihrem Kursheft.

	Textstelle	Vorausdeutung
1	*„da rollt abends der Kopf“*	*Vorahnung eines unheimlichen Ereignisses oder eines Todesfalls*
2	…	

3 Beschreiben Sie unter Einbeziehung Ihrer Überlegungen zum Cover der Graphic Novel und Ihrer Ergebnisse aus Aufgabe 2b, wie sich die Handlung entwickeln könnte. Tauschen Sie sich in Ihrem Kurs darüber aus, inwieweit sich Parallelen in den verschiedenen möglichen Handlungsverläufen erkennen lassen.

1.2 Inhaltssicherung

1 Ordnen Sie die folgenden Zitate entsprechend dem in Ihrer Ausgabe des Dramenfragments abgebildeten Handlungsverlauf (A–F) und geben Sie die Szenen und die Figuren an. Notieren Sie außerdem, von welcher Figur die Zitate jeweils stammen.

☐

Textstelle: ____________________

Ich bin doch ein schlecht Mensch. Ich könnt mich erstechen. – Ach! Was Welt? Geht doch alles zum Teufel, Mann und Weib.

☐

Textstelle: ____________________

Woyzeck, Er hat die schönste aberratio mentalis partialis, die zweite Spezies, sehr schön ausgeprägt. Woyzeck, Er kriegt Zulage. Zweite Spezies, fixe Idee, mit allgemein vernünftigem Zustand, Er tut noch alles wie sonst, rasiert sein Hauptmann?

☐

Textstelle: ____________________

Nimm das und das! Kannst du nicht sterben? So! so! Ha, sie zuckt noch, noch nicht, noch nicht? Immer noch?

A

Textstelle: *„Die Stadt“, Marie*

Er steht auf seinen Füßen wie ein Löw.

☐

Textstelle: ____________________

Hä? über die langen Bärte? Wie is Woyzeck, hat Er noch nicht ein Haar aus eim Bart in seiner Schüssel gefunden? He, Er versteht mich doch, ein Haar von einem Menschen, vom Bart eines Sapeur, eines Unteroffizier, eines – eines Tambourmajor? He Woyzeck? Aber er hat eine brave Frau. Geht Ihm nicht wie andern.

☐

Textstelle: ____________________

Immer zu, immer zu.

„Woyzeck“, Deutsches Theater Berlin, 2014 (Regie: Leander Haußmann)
Foto: Barbara Braun

2 Ordnen Sie die Zitate aus Aufgabe 1 in den Gang der Handlung ein.

A) Als Marie den Tambourmajor zum ersten Mal auf der Straße ____________________

____

B) ____________________

____

____

____

____

____

____

3 Erläutern Sie in Ihrem Kursheft, inwiefern im Dramenfragment „Woyzeck“ zwei parallel verlaufende Handlungsstränge vorhanden sind.

1.3 Der offene Handlungsaufbau – Dramenformen untersuchen

Info **Woyzeck – Ein Dramenfragment**

Das Dramenfragment „Woyzeck“ von Georg Büchner, das um das Jahr 1836 entstand, wurde in skizzenhafter und ungeordneter Form hinterlassen. Das Werk wurde erstmals 1879 von Karl Emil Franzos in einer stark überarbeiteten und veränderten Fassung unter dem Titel „Wozzeck“ herausgegeben. Franzos hatte große Schwierigkeiten bei der Entzifferung von Büchners Handschrift, sodass ihm im gesamten Text Lesefehler unterliefen. So kam es, dass er Inhalte ausließ oder hinzudichtete. Hinsichtlich Anordnung und Aufbau orientierte sich Franzos am ästhetischen Standard des 19. Jahrhunderts, der sich an die klassische Dramenpoetik des Aristoteles anlehnte. Ob der von Franzos gestaltete Aufbau des Dramenfragments tatsächlich der Intention Büchners entspricht, bleibt ungewiss.

1 a Ordnen Sie die einzelnen Szenen des Dramenfragments (▸ Information) in einer veränderten Reihenfolge. Welche Szene würde anstelle der in Ihrer Ausgabe des Stücks festgelegten Szene an den Anfang passen? Welche Szene würde gegen Ende Sinn ergeben?
Skizzieren Sie Ihre neue Anordnung der Szenen und notieren Sie den Handlungsverlauf stichpunktartig im Kursheft.

b Vergleichen Sie Ihre Ergebnisse im Kurs. Weichen Ihre jeweiligen Anordnungen voneinander ab oder stimmen Sie größtenteils überein?

c Diskutieren Sie, inwiefern die Vertauschung der Szenen auf die Interpretation des Stücks Einfluss nimmt. Notieren Sie die Diskussionsergebnisse im Kursheft.

Info **Die geschlossene und die offene Dramenform**

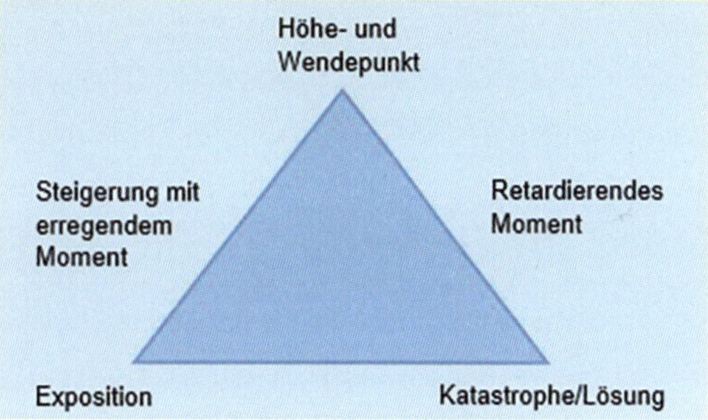

Der griechische Philosoph Aristoteles (384–322 v. Chr.) fordert für das Drama die **Einheit von Ort, Zeit und Handlung**. Demnach darf es weder Ortswechsel noch Zeitsprünge geben. Zudem soll die Handlung eine klare Folge von Anfang, Mitte und Ende haben, damit die Illusion einer nachvollziehbaren Handlungssituation auf der Bühne gewährleistet wird. Hinsichtlich des Dramenaufbaus hat der Literaturwissenschaftler Gustav Freytag (1816–1895) von einem pyramidalen Aufbau gesprochen (▸ Schaubild). Ein Drama, das solche geradlinig verlaufenden Handlungssituationen ohne Ortswechsel und Zeitsprünge darstellt, nennt man **geschlossenes Drama**. Mit der Aufwertung des Individuums seit der Renaissance verlagert sich das Interesse der Dramatiker und ihres Publikums von der Handlung auf die **Charaktere**. Man will auf der Bühne miterleben, was die Figuren an verschiedenen Orten und zu verschiedenen Zeiten erleben. Dadurch wird mit der aristotelischen Forderung der Einheit von Ort und Zeit gebrochen. Außerdem zeichnen sich diese neuen Dramen durch eine größere Anzahl von Figuren aus, die unterschiedliche Sprachstile haben. Die einzelnen Akte sind dabei nicht länger logisch miteinander verknüpft, sondern stehen oftmals fragmentarisch für sich. Ein solches Drama, das das Geschehen in Ausschnitten zeigt, nennt man **offenes Drama**.

2 Bestimmen Sie anhand der einzelnen Aspekte, ob das Dramenfragment „Woyzeck“ der offenen oder der geschlossenen Dramenform zugeordnet werden kann (▸ Info). Übernehmen Sie die Tabelle in Ihr Kursheft.

Aspekt	offenes Drama	geschlossenes Drama	Begründung
Aufbau	*x*	*x*	*einerseits ..., andererseits ....*
Zeitgestaltung			
Ortswechsel			
Figurengestaltung			
Sprachgestaltung	*x*		*unterschiedliche Sprachstile: ...*

1.4 Die Figuren

Wer gehört wohin? – Die Figurenkonstellation klären

1 Untersuchen Sie die Figurenkonstellation im Dramenfragment „Woyzeck“ mit Hilfe des folgenden Schaubildes.

a Ergänzen Sie das Schaubild, indem Sie die Figuren in die nachfolgende Figurenübersicht einordnen: Wer steht höher in der sozialen oder militärischen Hierarchie, wer steht auf einer niedrigeren Stufe?

b Verdeutlichen Sie durch Pfeile, in welchem Verhältnis die Figuren zu Woyzeck stehen. Ergänzen Sie die Pfeile durch Anmerkungen oder Symbole.

c Vergleichen Sie Ihre Ergebnisse mit denen Ihrer Mitschülerinnen und Mitschüler. Gehen Sie dabei besonders auf die Stellung der Figuren innerhalb der sozialen oder militärischen Hierarchie ein.

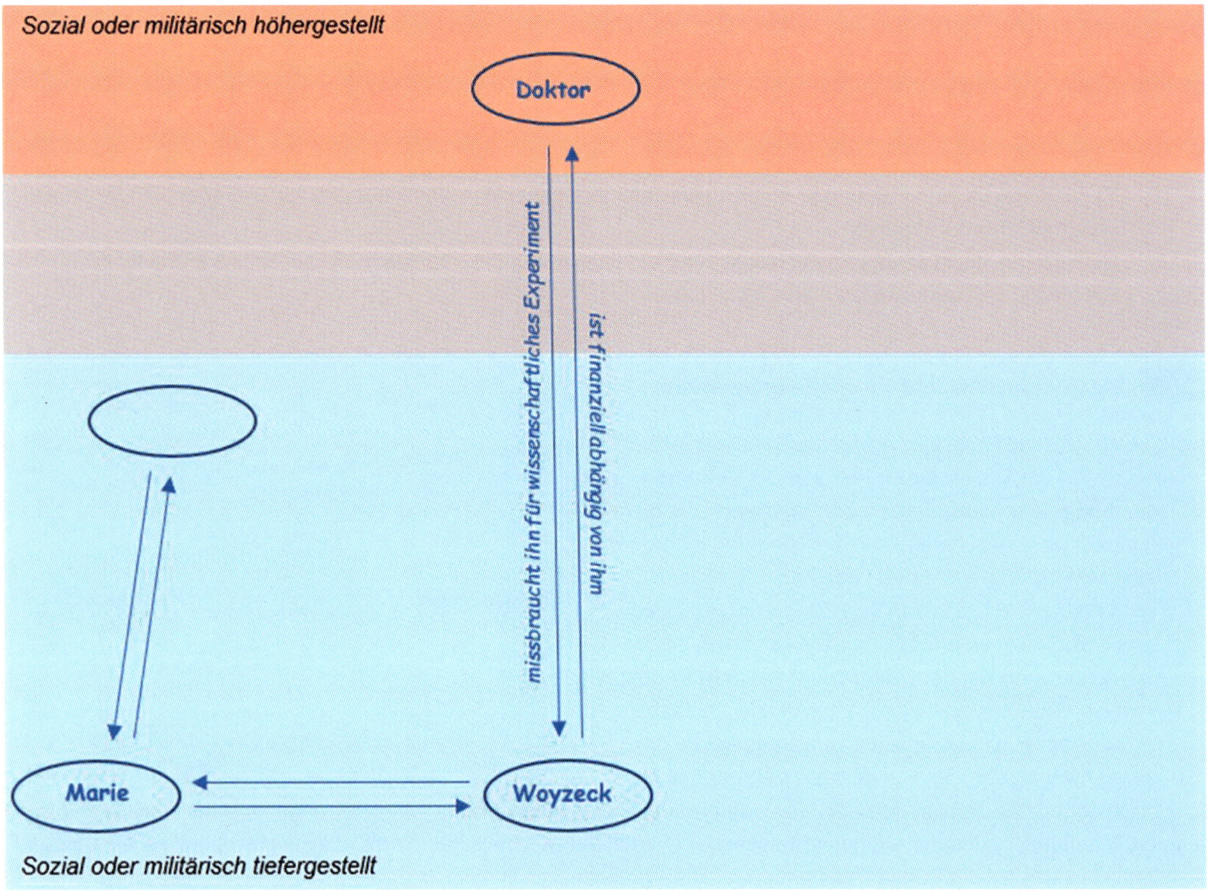

2 Führen Sie auf der Grundlage Ihrer Ergebnisse aus Aufgabe 1 aus, wodurch Woyzecks Verhalten gegenüber den anderen Figuren geprägt wird. Wählen Sie hierzu passende Verben aus dem Wortspeicher aus. Schreiben Sie in Ihr Kursheft.

demütigen • akzeptieren • verachten • missbrauchen • betrügen • helfen •
unterliegen • beherrschen • rächen • schikanieren • anerkennen • unterstützen •
vertrauen • bloßstellen • achten • helfen • erniedrigen • ernstnehmen

Franz Woyzeck: Ein Antiheld? – Den Protagonisten charakterisieren

1 Bereiten Sie arbeitsteilig in Gruppen eine Charakterisierung Woyzecks vor. Übernehmen Sie dazu die Tabelle in Ihr Kursheft. Finden Sie Textbelege für die einzelnen Aspekte, leiten Sie Woyzecks Eigenschaften daraus ab und überlegen Sie, welche Auswirkungen diese Eigenschaften haben.

Aspekt	Textbeleg	Eigenschaften	Auswirkungen
Private Situation	*„Er hat ein Kind, ohne den Segen der Kirche […]" (Szene „Der Hauptmann. Woyzeck")*	*lebt unverheiratet mit einer Frau zusammen und hat ein uneheliches Kind mit ihr*	*beides gilt als anstößig, macht ihn zum sozialen Außenseiter*
Soziale Situation	*„[…] wenn ich ein Herr wär […]. Aber ich bin ein armer Kerl." (Szene …)*	…	
Verhalten	…	…	
Sprache	…	…	
Ängste und Nöte	…	…	
Hoffnungen	…	…	
Weiteres	…	…	

2 Lesen Sie arbeitsteilig in Gruppen die folgenden Szenen: „Freies Feld. Die Stadt in der Ferne" – „Beim Doktor" – „Die Wachtstube" – „Freies Feld" – „Nacht" – „Kramladen" – „Kaserne" – „Abend. Die Stadt in der Ferne".
Bearbeiten Sie anschließend folgende Aufgaben in Ihrem Kursheft:

a Notieren Sie in Stichworten und mit Textbelegen, in welcher Form sich Woyzecks psychische Störung zeigt.
b Beschreiben Sie, wie die Figuren Andres, Marie und der Doktor in den Szenen jeweils auf Woyzeck reagieren.

3 Halten Sie in einer Entwicklungskurve die wesentlichen Schritte fest, die zur Ermordung Maries führen. Beziehen Sie dabei Woyzecks psychischen Zustand in Ihre Überlegungen ein.

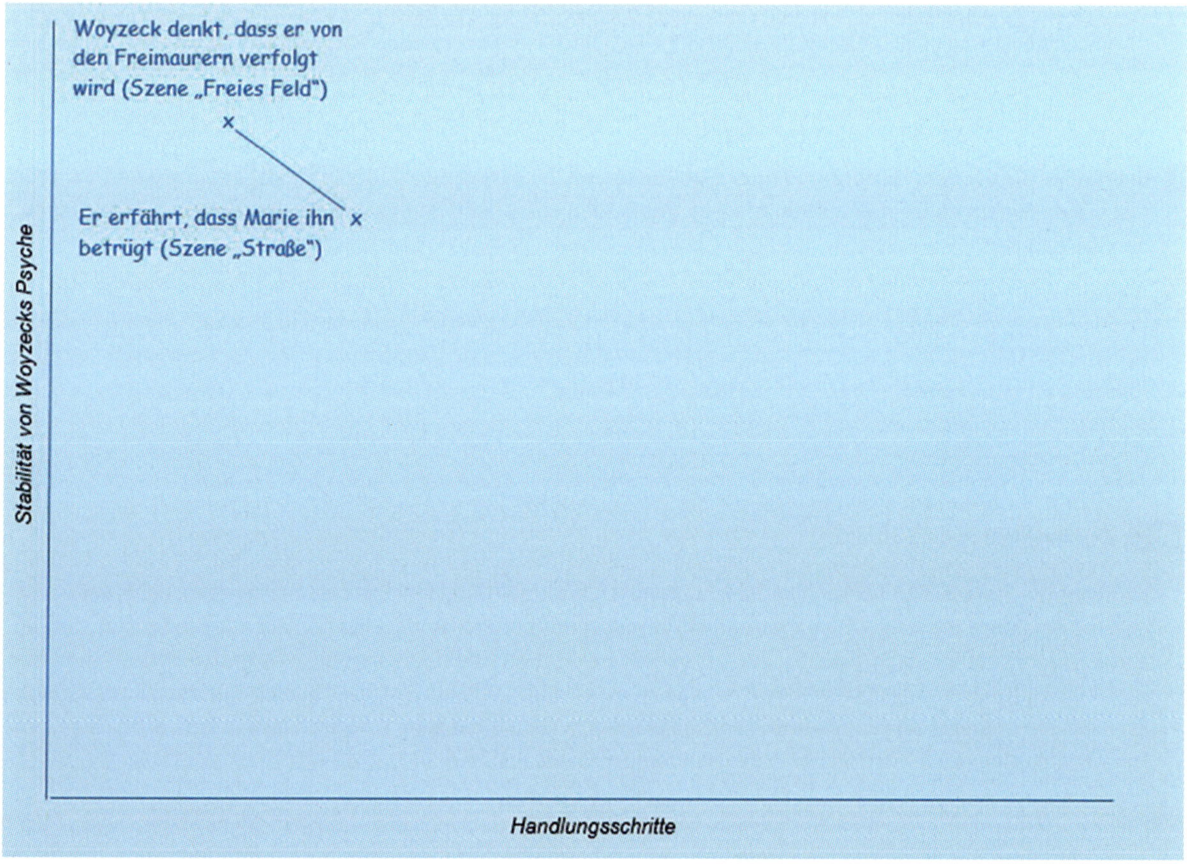

4 Erläutern Sie anhand der nebenstehenden Informationen, welche Auswirkungen das Erbsenexperiment des Doktors auf Woyzecks Geisteszustand hat.

Viele **Hülsenfrüchte** enthalten sogenannte nicht proteinogene Aminosäuren[1]. Das sind – wenn man so will – „gefälschte Aminosäuren“. Sie können vom Körper nicht zur Bildung von Eiweiß genutzt werden. In diesem Falle wirken sie als typische Nervengifte. [...] Problematisch ist in Gartenerbsen vor allem ein Stoff namens BIA [...]. Daraus bildet sich im Körper ein Stoff namens BOAA, und der verursacht schwere Nervenschäden. [...] Die Muskeln versagen dann ihren Dienst, auch Störungen der Blasenfunktion sind ein typisches Symptom [...]. Und woher kommen die Halluzinationen? Von einem Stoff namens DOPA. Auch der ist in Erbsen reichlich enthalten. Es geht hier wohlgemerkt nicht um die Verzehrgewohnheiten von Erbsenliebhabern – es geht um toxische[2] Effekte, die auftreten können, wenn die Erbsen nicht mehr Beilage zum Fleisch oder Zutat im Eintopf sind, sondern ganz bewusst in großer Menge anstelle von Fleisch gegessen werden.

1 **Aminosäure:** Bestandteil von Protein (Eiweiß)
2 **toxisch:** giftig

5 Tauschen Sie sich in Ihrem Kurs über Ihre Ergebnisse zu den Aufgaben 2, 3 und 4 aus.
Formulieren Sie anschließend in Ihrem Kursheft einen Text, der die Entwicklung des psychischen Gesundheitszustands Woyzecks sowie die daraus resultierenden Folgen für den Handlungsverlauf zusammenfasst. Denken Sie daran, Ihre Behauptungen am Text zu belegen. Sie können den unten stehenden Wortspeicher und die folgenden Formulierungshilfen nutzen:
Woyzeck fühlt sich bereits zu Beginn der Handlung von ... (vgl. Szene „Freies Feld. Die Stadt in der Ferne“).
Er erfährt, dass ...
Während der weiteren Handlung nimmt sein Wahnsinn ... Schließlich entwickelt er Mordfantasien gegenüber ...
Zusammenfassend kann man festhalten, dass Woyzecks Wahnsinn im Verlauf des Dramas ...

Experiment des Doktors • reagieren abweisend • Stimmen im Kopf • Befehl zum Mord • ignorieren Warnsignale • Maries Lügen • Halluzinationen • innere Unruhe • körperliche Anspannung • Eifersucht • zunehmend verwirrt • Mordfantasien • Mord

6 Begründen Sie vor dem Hintergrund Ihrer Ergebnisse und der Hinweise aus der Information, inwieweit der Protagonist Woyzeck dem Konzept eines literarischen Antihelden entspricht. Begründen Sie Ihre Meinung mit entsprechenden Textbelegen.

Info **Der Antiheld in der Literatur**

In modernen literarischen Texten sind die Protagonisten häufig **Antihelden**. Das sind meist gebrochene, verunsicherte Charaktere, die resignativ, passiv und oft fremdbestimmt durch andere Figuren oder ihre Lebensumstände agieren. Damit stehen sie im Kontrast zur klassischen Heldenfigur, die überwiegend aktiv und selbstbestimmt handelt. Während der Held des klassischen Dramas sich meist mutig und entschlossen allen Hindernissen und Schicksalsschlägen entgegenstellt und am Ende oft ungebeugt in seinen Tod geht, scheitert der Antiheld oftmals an den Herausforderungen, die sich innerhalb des Handlungsverlaufs ergeben.

Marie: „Ein schlecht Mensch“? – Motive und Absichten einer Figur erschließen

1 Lesen Sie die Szenen „Die Stadt“ – „Buden. Lichter. Volk“ – „Kammer“ – „Wirtshaus“ – „Wirtshaus (Tambourmajor. Woyzeck. Leute)“. Charakterisieren Sie arbeitsteilig die Figur Marie, indem Sie
- ihre äußeren Umstände beschreiben,
- ihre Wünsche notieren,
- ihr Selbstbild untersuchen,
- ihr Verhältnis zu Woyzeck und zum Tambourmajor deuten.

Stellen Sie sich anschließend Ihre Ergebnisse gegenseitig vor und halten Sie sie in Form eines Clusters in Ihrem Kursheft fest. Führen Sie Textbelege an.

Marie

Äußere Umstände
- *Mutter eines unehelichen Sohns*
- *finanziell ...*
- ...

Wünsche
- *träumt davon, ...*
- ...

Selbstbild
- *bezeichnet ihr Kind als „Hurenkind“ (Szene „Die Stadt“)*
- ...

Verhältnis zu Woyzeck/Tambourmajor
- *ist besorgt um Woyzecks geistige Gesundheit: „Er schnappt noch über mit den Gedanken!“*
- ...

2 a Ordnen Sie Szene „Kammer (Marie. Der Narr)“ knapp in den Handlungsverlauf ein. Beschreiben Sie in Ihrem Kursheft mit Textbelegen, welche Sorgen Marie in dieser Szene hat. Erörtern Sie anschließend, inwiefern sie die Fähigkeit besitzt, ihre Handlungen und ihr Verhalten zu reflektieren.
In dieser Szene blättert Marie in der Bibel und .... Zuvor hat sie sich im Wirtshaus ... Dabei hat sie Woyzeck ...

b Begründen Sie in Ihrem Kursheft, inwiefern Marie als ein „schlecht Mensch“ bezeichnet werden kann.

3 Fertigen Sie in Ihrem Kursheft eine Rollenbiografie zur Figur Marie an (► Information). Beziehen Sie dabei Ihre Ergebnisse aus den Aufgaben 2 und 3 ein. Beginnen Sie so:
Ich bin die Marie, ein arm Weibsbild. Ich hab nix, bis auf einen kleinen Bub. Woyzeck ist eigentlich ..., aber ...

Info **Eine Rollenbiografie schreiben**

In einer Rollenbiografie stellt sich eine literarische Figur **aus der eigenen Sichtweise**, also in der **Ich-Form**, vor. Dabei benennt sie wesentliche Informationen wie Personalien (Alter, Lebensverhältnisse, Beruf etc.) und persönliche Eigenschaften und Ansichten. Ihr Verhältnis zu anderen Figuren ist ein fester Bestandteil einer Rollenbiografie. Die Sprache der Rollenbiografie steht **im Einklang mit der Sprache der Figur**. Ist eine Figur beispielsweise wenig gebildet, wird sie sich auch so ausdrücken. Die Rollenbiografie wird im **Präsens** verfasst.

4 Beurteilen Sie in Ihrem Kursheft, welche Funktion die Figur Marie im Hinblick auf Büchners Gesellschaftskritik hat. Beziehen Sie die Lebensbedingungen der unteren Gesellschaftsschichten zu dieser Zeit in Ihre Überlegungen ein (► Information). Wählen Sie passende Wortbausteine aus.

typische Vertreterin der unteren Gesellschaftsschicht • erweckt Sympathien • wirkt unsympathisch • veranschaulicht Armut und Not der unteren Schichten • wirkt aufgrund ihrer Schwächen menschlich • verdeutlicht den begrenzten Horizont der unteren Schichten

Info **Pauperismus**

Der Begriff **Pauperismus** bezeichnet das Phänomen der **Massenarmut**, die vor allem im 19. Jahrhundert große Teile der Bevölkerung in ganz Europa verelenden ließ. Trotz anstrengender Arbeit hatten diese Bevölkerungsgruppen gerade das Nötigste zum Überleben und konnten sich nicht mehr aus eigener Kraft aus ihrer Armut befreien. Die Massenarmut war eine Begleiterscheinung des Übergangs von der Agrar- zur Industriegesellschaft im 19. Jahrhundert. Als Gründe wurden je nach politischer Position die Umstellung von der Handarbeit auf maschinelle Fabrikarbeit, die Ausbeutung der Arbeiter durch die Fabrikbesitzer, eine zu geringe Produktivität oder ein zu starkes Bevölkerungswachstum in den unteren Gesellschaftsschichten genannt.

Der Doktor und der Hauptmann – Figurengestaltungen erschließen

Der Hauptmann: „Moral, das ist, wenn man moralisch ist.“

1 „Moral, das ist, wenn man moralisch ist.“ Erklären Sie den Aussagegehalt des Zitats. Was verrät es über den Sprecher?

____

2 a Lesen Sie die Szene „Der Hauptmann. Woyzeck“ und untersuchen Sie das Gespräch zwischen dem Hauptmann und Woyzeck.
Markieren Sie Textstellen, ...
- an denen deutlich wird, wie der Hauptmann Woyzeck behandelt,
- die Informationen über das Moral- und Tugendverständnis des Hauptmanns enthalten,
- an denen der inhaltslose Sprachgebrauch des Hauptmanns deutlich wird.

b Erklären Sie den Inhalt der nachfolgenden Aussage und beurteilen Sie, inwiefern der Hauptmann damit den von ihm selbst formulierten Moral- und Tugendgrundsätzen gerecht wird:
„Wenn ich am Fenster lieg, wenn's geregnet hat, und den weißen Strümpfen so nachsehe, wie sie über die Gassen springen – verdammt, Woyzeck, da kommt mir die Liebe!“ (Szene „Der Hauptmann. Woyzeck“)

Obwohl der Hauptmann ständig von Moral und Tugend spricht, ______________________________

____

c Charakterisieren Sie in Ihrem Kursheft auf der Grundlage Ihrer Markierungen und Ergebnisse den Hauptmann in der vorliegenden Szene. Führen Sie Textbelege an.

3 „Während Woyzeck zu Beginn des Gesprächs dem Hauptmann unterlegen ist, entwaffnet er diesen im weiteren Verlauf des Gesprächs mit seinen reflektierten Aussagen.“ – Nehmen Sie in Ihrem Kursheft Stellung zu der These, dass Woyzeck den Hauptmann mit seinen Aussagen „entwaffnet“. Führen Sie die entsprechenden Textstellen an.
Woyzeck tritt den Vorwürfen des Hauptmanns im weiteren Verlauf des Gesprächs mit einfachen, aber ehrlichen Worten entgegen, z. B. „...“ Dabei äußert er sich verständlich über ... An der Reaktion des Hauptmanns erkennt man, dass ...

Der Doktor: „Der Mensch ist frei.“

1 a Lesen Sie den nebenstehenden Ausschnitt aus der Graphic Novel „Woyzeck“ und ordnen Sie ihn der passenden Szene des Dramenfragments zu.

Szene: ______________________________

b Beschreiben Sie in Ihrem Kursheft, welchen Eindruck der Doktor in der Graphic Novel auf Sie macht. Inwiefern weicht sein Auftreten von Ihren Erwartungen an einen Arzt ab?

2 a Lesen Sie die Szenen „Beim Doktor“ und „Der Hof des Doktors“. Markieren Sie Textstellen zu den folgenden Aspekten:
- Wie behandelt der Doktor Woyzeck?
- Welches Interesse hat der Doktor an Woyzeck und welche Konsequenzen ergeben sich daraus für Woyzeck?
- Welches Menschenbild vertritt der Doktor?

b Fertigen Sie in Ihrem Kursheft eine Mindmap zum Doktor an, in der Sie wesentliche Aspekte festhalten.

Interesse an Woyzeck:
„Er ist ein interessanter Kasus.“
→ nutzt Woyzeck aus für …

Menschenbild:
„Der Mensch ist frei.“
→ glaubt an …

…

…

3 a Kreuzen Sie mit Hilfe der Hinweise aus der Information an, was der Doktor mit dem Experiment an Woyzeck nachweisen möchte.
Der Doktor ist ein Anhänger der Überzeugung, …

☐ A dass auch Körperfunktionen mit Hilfe des freien Willens kontrolliert werden können.

☐ B dass der Mensch nicht in der Lage ist, Körperfunktionen mit Hilfe des freien Willens zu kontrollieren.

☐ C dass arme Menschen wie Woyzeck keinen freien Willen haben.

b Belegen Sie Ihre Auswahl mit einem entsprechenden Textzitat. Notieren Sie im Kursheft.

c Beschreiben Sie in Ihrem Kursheft die Reaktion des Doktors, als dieser mitbekommt, dass Woyzeck an die Wand „gepisst“ hat.

d „Aber Herr Doktor, wenn einem die Natur kommt.“ (Szene „Beim Doktor“) Erklären Sie, wie diese Aussage Woyzecks zu verstehen ist. Beziehen Sie die Hinweise aus der Information in Ihre Überlegung ein. Notieren Sie in Ihrem Kursheft.
Woyzeck widerspricht damit der Auffassung des Doktors, dass der Mensch aufgrund seines freien Willens …

4 a Nehmen Sie in Ihrem Kursheft Stellung zu folgender These: „Der Doktor ist so von wissenschaftlichen Fakten und Theorie besessen, dass ihn das vollständig entmenschlicht, ihm fehlt jedes menschliche Gefühl. Er ist eine Karikatur vom Typus jener Wissenschaftler oder Gelehrten, die Daten für wichtiger halten als Menschen.“

b Notieren Sie in Ihrem Kursheft zwei Textstellen, die die Unmenschlichkeit und die Karikaturhaftigkeit des Doktors belegen.
Die Textstelle „Woyzeck, Er hat die schönste aberratio mentalis partialis …“ verdeutlicht die Unmenschlichkeit des Doktors, da … In ihrer überspitzten Formulierung …

5 Beurteilen Sie in Ihrem Kursheft, inwiefern der Doktor durch sein Verhalten gegenüber Woyzeck den Ausgang des Dramenfragments mitbestimmt und in welchem Maße ihm Schuld zugesprochen werden kann.

Info **Materialismus und Determinismus**

Der **Materialismus** geht davon aus, dass alle Phänomene und Vorgänge in der Welt nur auf Materie und deren Gesetzmäßigkeiten zurückgeführt werden können. Auch alle Gedanken, Gefühle und Bedürfnisse des Menschen sind dieser Auffassung zufolge an materielle Bedingungen geknüpft. Menschliche Handlungen sind demnach allein auf materielle Gegebenheiten und biologisch-chemische Prozesse zurückzuführen, die sich naturwissenschaftlich nachweisen lassen. Ein **freier Wille** oder eine **Seele** existieren im Materialismus nicht.
Der **Determinismus** behauptet, dass alle Ereignisse eindeutig festgelegt sind, z. B. durch göttliche Lenkung oder aufgrund physikalischer Gegebenheiten und Gesetzmäßigkeiten. Auch menschliche Handlungen sind demzufolge nicht das Ergebnis freier Entscheidungen, sondern vorherbestimmt. **Freiheit** oder einen **freien Willen** gibt es dieser Auffassung zufolge nicht.

1.5 Thematische Aspekte

Macht durch Erniedrigung – Eine Dramenszene interpretieren

Georg Büchner: **Woyzeck – Straße**

Hauptmann. Doktor

Hauptmann keucht die Straße herunter, hält an, keucht, sieht sich um.

Hauptmann: Herr Doktor, die Pferde machen mir ganz Angst; wenn ich denke, dass die armen Bestien zu Fuß gehn müssen. Rennen Sie nicht so. Rudern Sie mit Ihrem Stock nicht so in der Luft. Sie hetzen sich ja hinter dem Tod drein. Ein guter Mensch, der sein gutes Gewissen hat, geht nicht so schnell. Ein guter Mensch. (*Er erwischt den Doktor am Rock.*) Herr Doktor, erlauben Sie, dass ich ein Menschenleben rette, Sie schießen ...
Herr Doktor, ich bin so schwermütig, ich habe so was Schwärmerisches; ich muss immer weinen, wenn ich meinen Rock an der Wand hängen sehen, da hängt er.

Doktor: Hm! aufgedunsen, fett, dicker Hals: apoplektische Konstitution. Ja, Herr Hauptmann, Sie können eine apoplexia cerebralis kriegen, Sie können sie aber vielleicht auch nur auf der einen Seite bekommen, und dann auf der einen gelähmt sein, oder aber Sie können im besten Fall geistig gelähmt werden und nur fortvegetieren, das sind so ohngefähr Ihre Aussichten auf die nächsten vier Wochen. Übrigens kann ich Sie versichern, dass Sie einen von den interessanten Fällen abgeben, und wenn Gott will, dass Ihre Zunge zum Teil gelähmt wird, so machen wir die unsterblichsten Experimente.

Hauptmann: Herr Doktor, erschrecken Sie mich nicht, es sind schon Leute am Schreck gestorben, am bloßen hellen Schreck. – Ich seh schon die Leute mit den Zitronen in den Händen, aber sie werden sagen, er war ein guter Mensch, ein guter Mensch – Teufel Sargnagel.

Doktor *hält ihm den Hut hin*: Was ist das, Herr Hauptmann? Das ist Hohlkopf!

Hauptmann *macht eine Falte*: Was ist das, Herr Doktor? – Das ist Einfalt.

Doktor: Ich empfehle mich, geehrtester Herr Exerzierzagel.

Hauptmann: Gleichfalls, bester Herr Sargnagel.

Woyzeck kommt die Straße heruntergerannt.

Hauptmann: He, Woyzeck, was hetzt Er sich so an uns vorbei? Bleib Er doch, Woyzeck, Er läuft ja wie ein offnes Rasiermesser durch die Welt, man schneidt sich an Ihm, Er läuft, als hätt er ein Regiment Kastrierte zu rasiern und würd gehenkt über dem letzten Haar noch vorm Verschwinden – aber, über die langen Bärte – was wollt ich doch sagen? Woyzeck – die langen Bärte ...

Doktor: Ein langer Bart unter dem Kinn, schon Plinius spricht davon, man muss es den Soldaten abgewöhnen, du, du ...

Hauptmann *fährt fort*: Hä? über die langen Bärte? Wie is Woyzeck, hat Er noch nicht ein Haar aus eim Bart in seiner Schüssel gefunden? He, Er versteht mich doch, ein Haar von einem Menschen, vom Bart eines Sapeur, eines Unteroffizier, eines – eines Tambourmajor? He Woyzeck? Aber Er hat eine brave Frau. Geht Ihm nicht wie andern.

Woyzeck: Jawohl! Was wollen Sie sagen Herr Hauptmann?

Hauptmann: Was der Kerl ein Gesicht macht! muss nun auch nicht in der Suppe sein, aber wenn Er sich eilt und um die Eck geht, so kann er vielleicht noch auf ein Paar Lippen eins finden, ein Paar Lippen, Woyzeck, ich habe auch die Liebe gefühlt, Woyzeck. Kerl, Er ist ja kreideweiß.

Woyzeck: Herr Hauptmann, ich bin ein arm Teufel – und hab sonst nichts auf der Welt, Herr Hauptmann, wenn Sie Spaß machen –

Hauptmann: Spaß ich, dass dich Spaß, Kerl!

Doktor: Den Puls Woyzeck, den Puls, klein, hart, hüpfend, unregelmäßig.

Woyzeck: Herr Hauptmann, die Erd is höllenheiß, mir eiskalt! Eiskalt, die Hölle ist kalt, wollen wir wetten. Unmöglich, Mensch! Mensch! Unmöglich.

Hauptmann: Kerl, will Er erschossen werden, will Er ein Paar Kugeln vor den Kopf haben? Er ersticht mich mit seinen Augen, und ich mein's gut mit Ihm, weil Er ein guter Mensch ist, Woyzeck, ein guter Mensch.

Doktor: Gesichtsmuskeln starr, gespannt, zuweilen hüpfend, Haltung aufgeregt, gespannt.

Woyzeck: Ich geh! Es ist viel möglich. Der Mensch! Es ist viel möglich. Wir habe schön Wetter, Herr Hauptmann. Sehn Sie, so ein schön, festen groben Himmel, man könnte Lust bekomm, ein Kloben hineinzuschlagen und sich daran zu hänge, nur wege des Gedankenstrichels zwischen ja und wieder ja – und nein, Herr, Herr Hauptmann, ja und nein? Ist das Nein am Ja oder das Ja am Nein schuld? Ich will drüber nachdenke. (*Geht mit breiten Schritten ab, erst langsam, dann immer schneller.*)

Doktor (*schießt ihm nach*): Phänomen, Woyzeck, Zulage.

Hauptmann: Mir wird ganz schwindlig vor den Menschen. Wie schnell, der lange Schlengel greift aus, als läuft der Schatten von einem Spinnbein, und der Kurze, – das zuckelt. Der Lange ist der Blitz und der Kleine der Donner. Haha, hinterdrein. Grotesk! grotesk!

Tipp **Den Handlungsverlauf einer Dramenszene analysieren**

Die folgenden Fragen können Ihnen bei der Gliederung und der Analyse des Handlungsverlaufs helfen:

- Womit beginnt die Handlung, womit endet sie?
- Gibt es Brüche, Entwicklungen, Höhepunkte im Handlungsverlauf?
- Wird der Handlungsverlauf von äußeren Faktoren beeinflusst (z. B. Ereignisse außerhalb des Geschehens auf der Bühne, übergeordnete Handlungsziele der Figuren)?
- Wie lässt sich der Handlungsverlauf in einer Spannungskurve darstellen?

1 a Unterteilen Sie im obigen Dramentext mit blauen Linien die zentralen Handlungsschritte und fassen Sie deren Inhalt stichpunktartig zusammen. Berücksichtigen Sie dabei ausgewählte Aspekte aus der Information. Schreiben Sie in Ihr Kursheft.

b Halten Sie in Ihrem Kursheft den Handlungsverlauf in einer Spannungskurve fest.

2 Interpretieren Sie den **Dialog** zwischen dem Hauptmann und dem Doktor und das **Gespräch** zwischen dem Hauptmann, dem Doktor und Woyzeck.

a Sichten Sie die zwei im Dramentext jeweils mit roten Klammern eingefassten Abschnitte und geben Sie mit Hilfe des Flussdiagramms knapp den Dialogverlauf wieder.

Abschnitt 1: Dialog zwischen Hauptmann und Doktor:

Der Hauptmann beklagt seinen schlechten Gemütszustand → *Der Hauptmann reagiert*

Abschnitt 2: Gespräch zwischen Hauptmann, Doktor und Woyzeck:

Woyzeck kommt die Straße heruntergerannt → *Woyzeck reagiert*

b Untersuchen Sie das **Gespräch** zwischen dem Hauptmann, dem Doktor und Woyzeck im Hinblick auf die unten stehenden Aspekte und füllen Sie in Ihrem Kursheft die Tabelle aus. Markieren Sie vorher im Dramentext Hinweise zu den unterschiedlichen Untersuchungsaspekten, z. B. sprachliche Auffälligkeiten/rhetorische Mittel.

Untersuchungsaspekt	Hauptmann	Doktor	Woyzeck
Gesprächsanteil			*Woyzeck beantwortet lediglich ...*
Sprachliche Auffälligkeiten/Rhetorische Mittel	*Der Vergleich Woyzecks mit einem Rasiermesser ...*		
Sprachvarietät und deren Bedeutung		*Die wissenschaftlichen Fachausdrücke unterstreichen ...*	
Gesamteindruck der Figur			

c Markieren Sie im Dramentext ein bis zwei markante, charakteristische Aussagen für jede der drei Figuren. Begründen Sie Ihre Auswahl.

Hauptmann: „Herr Doktor, ich bin so schwermütig, ich habe so was Schwärmerisches (...)“ (Z. 12–13)

Begründung:

d Macht durch Erniedrigung: Welche der folgenden Deutungsthesen treffen auf die Szene zu? Kreuzen Sie an und begründen Sie Ihre Entscheidung.

- ☐ **A** Während der gesellschaftlich besser gestellte Doktor den Hauptmann erniedrigt, begründet dieser seinen Machtanspruch dadurch, dass er Woyzeck demütigt.
- ☐ **B** Der Doktor und der Hauptmann verbünden sich gemeinsam gegen Woyzeck, da dieser genug Macht hat, um das Verhalten der beiden Figuren zu entlarven.
- ☐ **C** Der Doktor erniedrigt Woyzeck und den Hauptmann, indem er beide als medizinische Untersuchungsobjekte betrachtet.

3 Führen Sie die Teilergebnisse aus den Aufgaben 1–2 zusammen und interpretieren Sie die Dramenszene:
- Fassen Sie den Handlungsverlauf mit Hilfe Ihrer Stichpunkte aus Aufgabe 1 zusammen.
- Geben Sie mit Hilfe Ihrer Ergebnisse aus Aufgabe 2a–c den Inhalt der Dialoge wieder.
- Formulieren Sie Ihre Deutungsthese zum Macht- und Erniedrigungsverhalten aus Aufgabe 2d aus.
- Notieren Sie abschließend ein Fazit, in dem Sie pointiert Ihr Ergebnis formulieren.

4 Beurteilen Sie abschließend im Kursheft die Funktion der Szene im Gesamtzusammenhang des Dramas.
- Welchen Stellenwert hat sie im Hinblick auf den weiteren Verlauf der Dramenhandlung?
- Welchen Beitrag leistet sie bezüglich der Charakterisierung der Figuren?
- Welche Funktion hat die Figurengestaltung für die gesellschaftskritische Intention des Dramas?

Sterntaler mal anders – Die Grundstimmung des Dramenfragments erschließen

Gebrüder Grimm: **Die Sterntaler** (1819)

Es war einmal ein kleines Mädchen, dem war Vater und Mutter gestorben, und es war so arm, dass es kein Kämmerchen mehr hatte, darin zu wohnen, und kein Bettchen mehr, darin zu schlafen, und gar nichts mehr als die Kleider, die es auf dem Leib trug und ein Stückchen Brot, das es in der Hand hielt und das ihm ein mitleidiges Herz noch geschenkt hatte. Es war aber gar gut und fromm. Und weil es so von aller Welt verlassen war, ging es im Vertrauen auf den lieben Gott hinaus ins Feld, da begegnete ihm ein armer Mann, der sprach: „Ach, gib mir doch etwas zu essen, ich bin so hungrig." Es reichte ihm das ganze Stückchen Brot und sagte: „Gott segne dir's!", und ging weiter; da kam ein Kind, das jammerte und sprach: „Es friert mich so an meinem Kopf, schenk mir doch etwas, womit ich ihn bedecken kann!" Da tat es seine Mütze ab und gab sie ihm. Und als es noch ein bisschen gegangen war, kam wieder ein Kind und hatte kein Leibchen an und fror, da gab es ihm seins; und noch weiter, da bat eins um ein Röcklein, das gab es auch von sich hin. Endlich kam es in einen Wald und es war schon dunkel geworden, da kam noch eins und bat um ein Hemdlein, und das fromme Mädchen dachte: Es ist dunkle Nacht, da kannst du wohl dein Hemd weggeben; und gab es auch noch hin. Und wie es so stand und gar nichts mehr hatte, fielen auf einmal die Sterne vom Himmel und waren lauter harte, blanke Taler, und ob es gleich sein Hemdlein weggegeben, so hatte es ein neues an vom allerfeinsten Linnen. Da sammelte es sich die Taler hinein und ward reich für sein Lebtag.

1 Vergleichen Sie das Märchen der Gebrüder Grimm mit dem Märchen der Großmutter aus dem Dramenfragment (Szene „Marie mit Mädchen vor der Haustür"). Übertragen Sie die Tabelle in Ihr Kursheft und ergänzen Sie sie.

Aspekt	Märchen „Die Sterntaler"	Märchen der Großmutter in „Woyzeck"
Darstellung des Mädchens	*hilfsbereit …*	*weint*
Darstellung der Welt	…	…
Ausgang des Märchens	…	…
Sprache	…	…
Mögliche Aussageabsicht	*Nächstenliebe*	…

2 Beschreiben Sie, welches Menschen- und Weltbild in dem Märchen der Großmutter deutlich wird (▸ Information). Halten Sie Ihr Ergebnis im Kursheft fest.

3 Notieren Sie, welche Funktion das Märchen innerhalb des Dramenfragments „Woyzeck" hat.

Das Märchen erzeugt eine düstere Grundstimmung, sodass ____________________

____

Info **Nihilismus**

Der **Nihilismus** ist eine Weltanschauung, die von der **Nichtigkeit** und **Sinnlosigkeit** alles Bestehenden ausgeht. Daraus folgern die Nihilisten, dass das menschliche Streben nach positiven Zielen, Idealen und Werten keinen Sinn hat. Geltende Normen und Werte innerhalb einer Gesellschaft werden dabei meist hinterfragt oder sogar verneint.

Schuldunfähig? – Die Schuldfähigkeit Woyzecks beurteilen

Psychische Störungen und die Schuldfähigkeit im Strafrecht (2016)

Strafrechtlich zur Verantwortung gezogen werden kann in Deutschland nur, wer zur Tatzeit schuldfähig war. Zur Schuldfähigkeit gehören Einsichts- und Steuerungsfähigkeit. Das bedeutet, dem Täter muss klar gewesen sein, was er macht, und er muss sich in so einem Zustand befunden haben, dass er sein Handeln steuern konnte. Diese Fähigkeit kann bei einer Tat eingeschränkt oder völlig aufgehoben sein. Das hat Folgen für die Rechtsprechung, die in den § 20 und § 21 des Strafgesetzbuches geregelt sind.

§ 21, Verminderte Schuldfähigkeit: Danach kann eine Strafe erheblich gemildert werden, wenn die Fähigkeit des Täters, das Unrecht seines Handelns einzusehen und sich entsprechend zu verhalten, während der Tat erheblich vermindert war. Das kann zum Beispiel durch einen erheblichen Alkoholrausch oder Drogenkonsum hervorgerufen werden.

§ 20, Schuldunfähigkeit wegen seelischer Störungen: Nicht bestraft werden kann, wer wegen einer krankhaften seelischen Störung, einer tiefgreifenden Bewusstseinsstörung oder einer schweren geistigen Behinderung das Unrecht seines Handelns nicht erkennen und sich entsprechend verhalten kann. Als krankhafte seelische Störungen in diesem Sinne gelten Psychosen (Zustände mit Verlust des Realitätsbezuges) zum Beispiel durch Hirnschäden, Folgen von Alkoholmissbrauch (Delirium) oder psychische Krankheiten wie Schizophrenie. […]

Ein schuldunfähiger Täter kann nicht bestraft, jedoch von einem Gericht in die geschlossene Psychiatrie eingewiesen werden, wenn von ihm eine weitere Gefahr für die Allgemeinheit ausgeht. […]

Für die Klärung der Frage einer eingeschränkten oder aufgehobenen Schuldfähigkeit muss immer ein psychiatrisches Gutachten erhoben werden. Dabei wird der Betroffene nicht nur untersucht. Auch seine bisherige Lebensführung und das Gesamtverhalten vor, während und nach der Tat fließen in die Gesamteinschätzung ein.

1 a Diskutieren Sie: Trägt Woyzeck die volle Schuld an der Ermordung Maries?
b Halten Sie in der Tabelle Aspekte fest, die für bzw. gegen Woyzecks Schuld sprechen.

Aspekte, die für Woyzecks Schuld sprechen	Aspekte, die gegen Woyzecks Schuld sprechen
– Woyzeck besorgt ein Messer → plant die Tat	*– aufgrund des Erbsenexperiments*

2 Markieren Sie im Text zum heutigen Strafrecht Informationen zur eingeschränkten Schuldfähigkeit. Notieren Sie die Kernaussagen stichpunktartig.

3 Verfassen Sie auf der Grundlage Ihrer Ergebnisse zu den Aufgaben 1 und 2 eine Verteidigungsrede für den des Mordes angeklagten Woyzeck aus heutiger Perspektive. Schreiben Sie im Kursheft.

1.6 Sprachgestaltung und Form

Die sprachliche Gestaltung der Mordszene und ihre Wirkung

Georg Büchner: **Woyzeck – Abend. Die Stadt in der Ferne**

Marie und Woyzeck

Marie: Also dort hinaus ist die Stadt. 's ist finster.

Woyzeck: Du sollst noch bleiben. Komm, setz dich. *Woyzeck lässt sie nicht gehen*

Marie: Aber ich muss fort.

Woyzeck: Du wirst dir die Füß nicht wund laufen.

Marie: Wie bist du nur auch!

Woyzeck: Weißt du auch, wie lang es just ist, Marie?

Marie: An Pfingsten zwei Jahr.

Woyzeck: Weißt du auch, wie lang es noch sein wird?

Marie: Ich muss fort, das Nachtessen richten.

Woyzeck: Friert's dich, Marie, und doch bist du warm. Was du heiße Lippen hast! (heiß, heiß Hurenatem, und doch möcht' ich den Himmel geben, sie noch einmal zu küssen) und wenn man kalt ist, so friert man nicht mehr. Du wirst vom Morgentau nicht frieren. *Vorausdeutung*

Marie: Was sagst du?

Woyzeck: Nix. *(Schweigen.)*

Marie: Was der Mond rot aufgeht.

Woyzeck: Wie ein blutig Eisen. *wiederkehrende Leitmotive*

Marie: Was hast du vor? Franz, du bist so blass. *(Er zieht das Messer.)* – Franz halt! Um des Himmels willen, Hü – Hülfe!

Woyzeck: Nimm das und das! Kannst du nicht sterben? So! so! – Ha, sie zuckt noch, noch nicht, noch nicht? Immer noch? *(Stößt zu.)* Bist du tot? Tot! Tot! *(Es kommen Leute, läuft weg.)*

1 Untersuchen Sie Satzbau, Zeichensetzung, Vorausdeutungen, rhetorische Mittel sowie sprachliche Besonderheiten im Dialog. Verwenden Sie farbige Textmarkierungen und machen Sie sich Notizen am Textrand.

2 a Systematisieren und erläutern Sie in der Tabelle Ihre Textbeobachtungen. Bestimmen Sie die Funktion und Wirkung der sprachlichen Gestaltung in Bezug auf den Inhalt. Übertragen Sie die Tabelle in Ihr Kursheft.

Sprachliche Auffälligkeit	Wirkung und Bezug zum Inhalt
– *Woyzeck verwendet zu Beginn einen Imperativ*	→ *Woyzeck lässt Marie nicht gehen; Marie gehorcht*
– *Fragen: Marie: „Was sagst du?" (Z. 14), „Was hast du vor?" (Z. 18)*	→ *Angst und Besorgnis Maries*
– ...	– ...

b Formulieren Sie in Ihrem Kursheft ein Fazit auf der Basis Ihrer Ergebnisse.

3 Untersuchen Sie arbeitsteilig, in welchen weiteren Szenen die markierten Leitmotive (▶ Information) auftauchen. Klären Sie mit Hilfe der Information die Deutung der Motive.

Info Leitmotiv

Ein **Leitmotiv** ist eine ähnlich wiederkehrende Bild- oder Wortfolge, die auf Zusammenhänge, Figuren, Situationen, Gefühle oder Ideen verweist. Dadurch wird der Text gegliedert und es wird etwas in besonderer Weise akzentuiert. Bei einem Leitmotiv kann es sich um stehende Redewendungen, wiederholte Handlungselemente, sprachliche Bilder oder Dingsymbole handeln, also um Gegenstände von symbolhafter Bedeutung.

Aspekte der Sprache des Dramas – Gescheiterte Kommunikation als Standard?

1 a Suchen Sie im Dramenfragment Textbelege für die nachfolgenden Sprachvarietäten und Stilmerkmale und notieren Sie jeweils ein Beispiel mit Szenenangabe.

Alltags-/Umgangssprache: ______________________

Dialekt: ______________________

Fachsprache: ______________________

Bibelzitate: ______________________

Volkslieder: ______________________

b Formulieren Sie in Ihrem Kursheft, welche Wirkung von den jeweiligen sprachlichen und stilistischen Besonderheiten ausgeht.

Dialekt → verdeutlicht die Zugehörigkeit zu unteren Schichten; vor allem gesprochen von ...; aber auch ...
Fachsprache → Der Doktor verwendet häufig Fachsprache, da er sich damit ...

2 a Tauschen Sie sich in Ihrem Kurs darüber aus, welche Aspekte dazu beitragen, dass man von einer gelungenen Kommunikation sprechen kann. Halten Sie einzelne Punkte stichpunkartig in Ihrem Kursheft fest.

b Notieren Sie drei Gesprächssituationen im Dramenfragment, an denen deutlich wird, dass die Kommunikation zwischen den Interagierenden als misslungen bezeichnet werden kann. Erklären Sie, was zum Scheitern der Kommunikationssituation führt (▶ Information).

1) Marie versteht Woyzeck nicht: „Der Mann! So vergeistert." (Szene „Die Stadt") → ______________________

____

2) ______________________

____

3) ______________________

____

3 Nehmen Sie Stellung dazu, inwiefern die misslungene Kommunikation zwischen den Figuren den tragischen Ausgang des Dramenfragments mitbestimmt.

____

____

____

Info **Kommunikationsstörungen**

Kommunikationsstörungen können verschiedene Gründe haben. Enthält die Nachricht des Senders **falsche** oder **unvollständige Informationen**, kann der Empfänger für sich hieraus keinen Inhalt ableiten. Dies gilt auch, wenn der Sender sich **sprachlich nicht eindeutig ausdrückt,** da er beispielsweise **keine Sinnzusammenhänge zwischen Sätzen** herstellt oder **Wörter in einem unpassenden Kontext** verwendet. Eine Störung der Kommunikation kann auch durch **eine falsche Artikulation,** d. h. durch **undeutliches oder zu leises Sprechen** sowie die Verwendung eines **Dialekts** zustande kommen, sodass der Empfänger den Inhalt der Nachricht nicht entschlüsseln kann.

1.7 Eine Inszenierung als Deutungsmöglichkeit untersuchen

Ulrich Rasches Baseler „Woyzeck" © Sandra Then, 2017

1 Betrachten Sie das Szenenbild der Aufführung des „Woyzeck" am Staatstheater Basel. Deuten Sie die Inszenierung mittels der großen Drehscheibe im Hinblick auf eine mögliche Interpretation des Dramenfragments.

2 Lesen Sie die Rezension zu der Baseler Aufführung und nehmen Sie im Kursheft kritisch Stellung zu der Frage, inwiefern die Maschine als „Metapher für die Unerbittlichkeit des Schicksals" (Z. 13) der zentralen Idee des Dramenfragments Rechnung trägt.

Martin Halter: **Ulrich Rasche inszeniert „Woyzeck" am Basler Schauspielhaus** (2017)

Ulrich Rasche spannt gern Klassiker von Kleist und Goethe bis Büchner auf Maschinen, um sie auseinanderzunehmen und neu zusammenzusetzen. Zuletzt stellte er in München Schillers „Räuber" auf eine Riesenmaschine aus Ketten und Laufbändern; dafür bekam er eine Einladung zum Theatertreffen und das Prädikat „Kunstwerk der Stunde". Auch bei seiner ersten Regiearbeit in Basel zeigt Rasche jetzt Menschen als Rädchen im großen Weltgetriebe: Die armen Hunde, Menschen wie Franz Woyzeck, müssen „immerzu" laufen, laufen, laufen – und kommen doch nie voran. Die sich im Kreis drehende Maschine ist eine unmittelbar einleuchtende Metapher für die Unerbittlichkeit des Schicksals. Büchner selber sprach ja vom „grässlichen Fatalismus der Geschichte", der alle Illusionen von Individualität und freiem Willen vernichte.

In Basel ist die Weltmaschine ein stählernes Monstrum mit einem Durchmesser von zwölf Metern, das mit seinen Gittern, Streben und Laufbändern manchmal aussieht wie ein plattgedrücktes Radioteleskop oder eine Jahrmarktsattraktion. Die Drehscheibe ächzt und knarrt und rattert, hebt und senkt und dreht sich ununterbrochen, mal rechts, mal links herum, mal langsam, mal schnell, manchmal auch gegenläufig zur Drehbühne. Wer eine Rolle in der Gesellschaft spielt, sei es als Hauptmann, Doktor oder Tambourmajor, läuft mit. Wer nicht mehr mitkommt, stürzt oder abspringt, ist draußen.

Die Woyzecks stehen am Rand, müssen schneller klettern und rennen, während andere weiter innen sie mühelos überholen. Alle aber müssen sich anketten, um die Zug- und Fliehkräfte der Maschine auszuhalten und nie ins Rutschen oder Zweifeln zu geraten. [...] Die Maschine spielt die Hauptrolle an diesem Abend. Ihr Motor ist die Sprache, ihr Taktgeber die Musik. [...] Wenn Rasches Überwältigungsästhetik doch nur phasenweise überzeugt, so liegt das an der Eintönigkeit der Schicksalsmusik: an dem durch die Mechanik der Installation und der Klangwalze eingeschränkten Spiel- und Bewegungsraum. Rasche arrangiert Büchners Figuren als Körper im Raum, die sich fast nie berühren oder auch nur einmal anschauen, aber immer in Beziehung zueinander stehen oder vielmehr: gehen. Der Abend dauert dreieinhalb Stunden, aber nicht, weil es eine Fülle psychologischer Subtilitäten oder kühner Deutungsversuche zu sehen gäbe. Es gelten vielmehr die Naturgesetze der Schwerkraft: mechanische Wiederholung, maschinelle Gleichförmigkeit, puppenhafte Automatik. [...] Rasches Inszenierungen polarisieren. Wo die einen eine im neueren Theater selten gewordene Wucht feiern, sprechen die anderen von langweiligen Fitness-Übungen, Leni-Riefenstahl-Ästhetik[1] oder gar Kitsch. In Basel gibt es beides zu sehen. Wo chorisches Sprechen, stampfende Musik und das unerbittlich sich drehende Weltrad sich gegenseitig aufpeitschen, gibt es Momente höchster emotionaler Intensität. Aber es gibt eben auch gar nicht wenige Szenen, in denen das Immerzu-Gehen nur noch routinierter Drehschwindel ist und der Mut zum Pathos die Grenze zur unfreiwilligen Komik streift. Nach der Pause lässt die Spannung nach, auch weil die Ordnung der Szenen-Fragmente manchmal fragwürdig ist: Woyzecks Erbsenfolter beim Doktor etwa steht unmittelbar vor seinem Liebesmord. Die Drehscheibe schraubt sich dabei in unerhörte Höhen, die schiefe Ebene kippt fast in die Steilwand, aber die Menschen halten mit der Maschine – zum Glück – nicht immer Schritt.

1 **Leni Riefenstahl (1902–2003):** Filmregisseurin, in deren Filmen Menschen und Technik im Sinne eines nationalsozialistischen Weltbildes überhöht dargestellt werden

1.8 Zur Gattung und zur epochalen Einordnung des Dramenfragments

Georg Büchners Weltbild und historische Bezüge

Georg Büchner: **Brief an die Familie** (Februar 1834)

[...] Ich verachte niemanden, am wenigsten wegen seines Verstandes oder seiner Bildung, weil es in niemands Gewalt liegt, kein Dummkopf oder kein Verbrecher zu werden, – weil wir durch gleiche Umstände wohl alle gleich würden, und weil die Umstände außer uns liegen. Der Verstand nun gar ist nur eine sehr geringe Seite unsers geistigen Wesens und die Bildung nur eine sehr zufällige Form desselben. Wer mir eine solche Verachtung vorwirft, behauptet, dass ich einen Menschen mit Füßen träte, weil er einen schlechten Rock anhätte. Es heißt dies, eine Rohheit, die man einem im Körperlichen nimmer zutrauen würde, ins Geistige übertragen, wo sie noch gemeiner ist. Ich kann jemanden einen Dummkopf nennen, ohne ihn deshalb zu verachten; die Dummheit gehört zu den allgemeinen Eigenschaften der menschlichen Dinge; für ihre Existenz kann ich nichts, es kann mir aber niemand wehren, alles, was existiert, bei seinem Namen zu nennen und dem, was mir unangenehm ist, aus dem Wege zu gehn. Jemanden kränken, ist eine Grausamkeit, ihn aber zu suchen oder zu meiden, bleibt meinem Gutdünken überlassen. *Daher* erklärt sich mein Betragen gegen alte Bekannte; ich kränkte keinen und sparte mir viel Langeweile; halten sie mich für hochmütig, wenn ich an ihren Vergnügungen oder Beschäftigungen keinen Geschmack finde, so ist es eine Ungerechtigkeit; mir würde es nie einfallen, einem Andern aus dem nämlichen Grunde einen ähnlichen Vorwurf zu machen. Man nennt mich einen Spötter. Es ist wahr, ich lache oft, aber ich lache nicht darüber, *wie* jemand ein Mensch, sondern nur darüber, *dass* er ein Mensch ist, wofür er ohnehin nichts kann, und lache dabei über mich selbst, der ich sein Schicksal teile. Die Leute nennen das Spott, sie vertragen es nicht, dass man sich als Narr produziert und sie duzt; sie sind Verächter, Spötter und Hochmütige, weil sie die Narrheit nur *außer sich* suchen. Ich habe freilich noch eine Art von Spott, es ist aber nicht der der Verachtung, sondern der des Hasses. Der Hass ist so gut erlaubt als die Liebe, und ich hege ihn im vollsten Maße gegen die, welche verachten. Es ist deren eine große Zahl, die im Besitze einer lächerlichen Äußerlichkeit, die man Bildung, oder eines toten Krams, den man Gelehrsamkeit heißt, die große Masse ihrer Brüder ihrem verachtenden Egoismus opfern. Der Aristokratismus ist die schändlichste Verachtung des Heiligen Geistes im Menschen; gegen ihn kehre ich seine eigenen Waffen; Hochmut gegen Hochmut, Spott gegen Spott. [...]

1 Markieren Sie im Text Hinweise zum Menschenbild Georg Büchners. Halten Sie anschließend wesentliche Aspekte seines Menschenbildes schriftlich in Ihrem Kursheft fest.

2 Erklären Sie mit Textbelegen in Ihrem Kursheft, inwiefern sich das Menschenbild Georg Büchners in der Figurengestaltung von Woyzeck und Marie widerspiegelt.

3 a Informieren Sie sich arbeitsteilig über den historischen Kontext, in dem das Dramenfragment „Woyzeck“ entstand. Recherchieren Sie hierzu die nachfolgenden Ereignisse. Halten Sie wesentliche Aspekte in Form einer Mindmap in Ihrem Kursheft fest. Stellen Sie sich anschließend gegenseitig Ihre Ergebnisse vor.

Wiener Kongress • Hambacher Fest • Karlsbader Beschlüsse • Frankfurter Wachensturm

b Recherchieren Sie Büchners Biografie, insbesondere im Hinblick auf seine politischen Aktivitäten im Zusammenhang mit dem Flugblatt „Der Hessische Landbote“. Halten Sie Ihre Rechercheergebnisse stichwortartig in Ihrem Kursheft fest.

c Stellen Sie sich gegenseitig die Ergebnisse Ihrer Recherchen vor und diskutieren Sie, inwiefern die historischen Ereignisse Büchners politische Haltung und seine politischen Aktivitäten beeinflusst haben.

4 Beurteilen Sie unter Berücksichtigung des nachfolgenden Zitats, welche Wirkungsabsicht Büchner mit dem Dramenfragment „Woyzeck" verfolgt hat und inwiefern ihm dies gelungen ist. Formulieren Sie einen kurzen Text in Ihrem Kursheft.

Was nennt Ihr denn gesetzlichen Zustand? Ein Gesetz, das die große Masse der Staatsbürger zum fronenden Vieh macht, um die unnatürlichen Bedürfnisse einer unbedeutenden und verdorbenen Minderzahl zu befriedigen? Und dies Gesetz, unterstützt durch eine rohe Militärgewalt und durch die dumme Pfiffigkeit seiner Agenten, dies Gesetz ist eine ewige, rohe Gewalt, angetan dem Recht und der gesunden Vernunft, und ich werde mit Mund und Hand dagegen kämpfen, wo ich kann.
Georg Büchner: Brief an die Familie (April 1833)

Büchners und Schillers Dramenkonzept – Die Dramenabsicht erarbeiten

Georg Büchner: **Brief an die Familie** (Juli 1835)

[...] Der dramatische Dichter ist in meinen Augen nichts als ein Geschichtsschreiber, steht aber *über* Letzterem dadurch, dass er uns die Geschichte zum zweiten Mal erschafft und uns gleich unmittelbar, statt eine trockne Erzählung zu geben, in das Leben einer Zeit hineinversetzt, uns statt Charakteristiken Charaktere und statt Beschreibungen Gestalten gibt. Seine höchste Aufgabe ist, der Geschichte, wie sie sich wirklich begeben, so nahe als möglich zu kommen. Sein Buch darf weder sittlicher noch unsittlicher sein als die Geschichte selbst; aber die Geschichte ist vom lieben Herrgott nicht zu einer Lektüre für junge Frauenzimmer geschaffen worden, und da ist es mir auch nicht übel zu nehmen, wenn mein Drama ebenso wenig dazu geeignet ist. Ich kann doch aus einem Danton und den Banditen der Revolution nicht Tugendhelden machen! Wenn ich ihre Liederlichkeit schildern wollte, so musste ich sie eben liederlich sein, wenn ich ihre Gottlosigkeit zeigen wollte, so musste ich sie eben wie Atheisten sprechen lassen. Wenn einige unanständige Ausdrücke vorkommen, so denke man an die weltbekannte, obszöne Sprache der damaligen Zeit, wovon das, was ich meine Leute sagen lasse, nur ein schwacher Abriss ist. Man könnte mir nun noch vorwerfen, dass ich einen solchen Stoff gewählt hätte. Aber der Einwurf ist längst widerlegt. Wollte man ihn gelten lassen, so müssten die größten Meisterwerke der Poesie verworfen werden. Der Dichter ist kein Lehrer der Moral, er erfindet und schafft Gestalten, er macht vergangene Zeiten wieder aufleben, und die Leute mögen dann daraus lernen, so gut wie aus dem Studium der Geschichte und der Beobachtung dessen, was im menschlichen Leben um sie herum vorgeht. Wenn man *so* wollte, dürfte man keine Geschichte studieren, weil sehr viele unmoralische Dinge darin erzählt werden, müsste mit verbundenen Augen über die Gasse gehen, weil man sonst Unanständigkeiten sehen könnte, und müsste über einen Gott Zeter schreien, der eine Welt erschaffen, worauf so viele Liederlichkeiten vorfallen. Wenn man mir übrigens noch sagen wollte, der Dichter müsse die Welt nicht zeigen, wie sie ist, sondern wie sie sein solle, so antworte ich, dass ich es nicht besser machen will als der liebe Gott, der die Welt gewiss gemacht hat, wie sie sein soll. Was noch die sogenannten Idealdichter anbetrifft, so finde ich, dass sie fast nichts als Marionetten mit himmelblauen Nasen und affektiertem Pathos, aber nicht Menschen von Fleisch und Blut gegeben haben, deren Leid und Freude mich mitempfinden macht, und deren Tun und Handeln mir Abscheu oder Bewunderung einflößt. Mit einem Wort, ich halte viel auf Goethe und Shakespeare, aber sehr wenig auf Schiller.

Friedrich Schiller: **Idealisierung als Aufgabe des Dichters** (1791)

Eine der ersten Erfordernisse des Dichters ist Idealisierung, Veredlung, ohne welche er aufhört, seinen Namen zu verdienen. Ihm kommt es zu, das Vortreffliche seines Gegenstandes (mag dieser nun Gestalt, Empfindung oder Handlung sein, in ihm oder außer ihm wohnen) von gröbern, wenigstens fremdartigen Beimischungen zu befreien, die in mehreren Gegenständen zerstreuten Strahlen von Vollkommenheit in einem einzigen zu sammeln, einzelne, das Ebenmaß störende Züge der Harmonie des Ganzen zu unterwerfen, das Individuelle und Lokale zum Allgemeinen zu erheben. Alle Ideale, die er auf diese Art im Einzelnen bildet, sind gleichsam nur Ausflüsse eines innern Ideals von Vollkommenheit, das in der Seele des Dichters wohnt. Zu je größerer Reinheit und Fülle er dieses innere allgemeine Ideal ausgebildet hat, desto mehr werden auch jene Einzelnen sich der höchsten Vollkommenheit nähern.

1 Markieren Sie in den Texten von Büchner und Schiller Hinweise, wie Dramen gestaltet sein müssen und welche Wirkungsabsichten mit den jeweiligen Dramen verfolgt werden sollen.

2 a Halten Sie Gemeinsamkeiten und Unterschiede zur Auffassung des Dramas bei Büchner und Schiller fest.

Aspekt	Büchner	Schiller
Darstellung der Welt	*Welt, wie sie wirklich ist*	
Moralischer Anspruch		
Figurengestaltung		
Sprache		*veredelt und allgemeingültig, nicht individuell oder lokal*
Absicht		

b Fassen Sie in Ihrem Kursheft wesentliche Aspekte der Dramentheorien Büchners und Schillers zusammen.

3 Notieren Sie, inwiefern das Dramenfragment „Woyzeck“ der Dramentheorie Georg Büchners entspricht.

Figurengestaltung: ______________________________

____

Sprache: ______________________________

____

Darstellung historischer Verhältnisse: ______________________________

____

4 Sozialkritische Dramentheorie Büchners oder utopischer Ansatz Schillers? – Beurteilen Sie in Ihrem Kursheft, von welchem Dramenansatz eine stärkere Wirkung auf die Zuschauer ausgeht.

„Woyzeck“ als „soziales Drama“

Info **Das soziale Drama**

Das soziale Drama ist eine Form des Dramas, in der **soziale und gesellschaftliche Probleme** thematisiert werden. Meist ist der Protagonist ein Vertreter der unteren gesellschaftlichen Schichten, der sich gegen **soziale Missstände** und **Ungerechtigkeiten** oder gegen Angehörige einer **privilegierteren Schicht** behaupten muss und dabei nicht selten scheitert. Um die Zugehörigkeit zu ihrem sozialen Milieu zu verdeutlichen, sprechen diese Figuren häufig **Dialekt**. Die Intention dieser Dramen ist, durch die Darstellung solcher Missstände auf der Bühne die Zuschauer zum Denken anzuregen und damit dazu beizutragen, die **soziale Ungerechtigkeit** zu beseitigen.

1 Beurteilen Sie in Ihrem Kursheft, inwiefern das Dramenfragment „Woyzeck“ als soziales Drama (▸ Information) bezeichnet werden kann. Beziehen Sie dabei folgende Aspekte in Ihre Überlegungen ein. Führen Sie auch Beispiele aus dem Dramenfragment an.

soziale Konflikte • Darstellung des Protagonisten • Darstellung von Nebenfiguren • Verhältnis des Protagonisten zu Nebenfiguren • Darstellung historischer Verhältnisse

1.9 Büchners „Woyzeck" und Goethes „Faust" – Die Gestaltung literarischer Figuren vergleichen

Info **Johann Wolfgang von Goethe: „Faust – Der Tragödie erster Teil"**

„Faust – Der Tragödie erster Teil" ist ein Drama von Johann Wolfgang von Goethe (1749–1832), das im Jahr 1808 veröffentlicht wurde. Das Werk umfasst zwei Handlungsstränge: Im ersten Handlungsstrang („Gelehrtentragödie") geht es um den Gelehrten Faust, der nach Erkenntnis strebt und daran verzweifelt, dass ihm die letzten Wahrheiten verschlossen bleiben. Er schließt einen Pakt mit Mephistopheles (Mephisto), der zu den teuflischen Mächten gehört und Faust verspricht, ihn zu verjüngen und ihm die Welt zu zeigen. Hiermit verknüpft ist der zweite Handlungsstrang („Gretchentragödie"): Nach seiner Verjüngung begegnet Faust der jungen Margarete (Gretchen) und verliebt sich in sie. Er fordert nun Mephistos Hilfe, um sie für sich zu gewinnen. Die nachfolgende Liebesbeziehung der beiden endet tragisch für Margarete, die ihr gemeinsames Kind nach der Geburt tötet und dafür im Kerker landet.

1 Informieren Sie sich in einer Bibliothek oder im Internet über den Inhalt von Goethes Drama „Faust".

2 Lesen Sie den Ausschnitt aus dem Drama aktiv, d. h. mit einem Stift in der Hand. Am Textrand können Sie Fragen oder Anmerkungen notieren.

Johann Wolfgang von Goethe: **Faust – Der Tragödie erster Teil** (1808)

Abend
Ein kleines reinliches Zimmer
Margarete, *ihre Zöpfe flechtend und aufbindend.*
Ich gäb' was drum, wenn ich nur wüsst',
Wer heut der Herr gewesen ist!
Er sah gewiss recht wacker aus
Und ist aus einem edlen Haus;
Das konnt' ich ihm an der Stirne lesen –
Er wär' auch sonst nicht so keck gewesen. *Ab.*
[...]

Mephisto und Faust kommen ins Zimmer und verstecken ein Schmuckkästchen in ihrem Schrank als ein Geschenk von Faust für Margarete.

Margarete *mit einer Lampe.*
Es ist so schwül, so dumpfig hie,
Sie macht das Fenster auf.
Und ist doch eben so warm nicht drauß.
Es wird mir so, ich weiß nicht wie –
Ich wollt', die Mutter käm' nach Haus.
Mir läuft ein Schauer übern ganzen Leib –
Bin doch ein töricht furchtsam Weib!
Sie fängt an zu singen, indem sie sich auszieht.
[...]
Sie eröffnet den Schrein, ihre Kleider einzuräumen, und erblickt das Schmuckkästchen.
Wie kommt das schöne Kästchen hier herein?
Ich schloss doch ganz gewiss den Schrein.
Es ist doch wunderbar! Was mag wohl drinne sein?
Vielleicht bracht's jemand als ein Pfand,
Und meine Mutter lieh darauf.
Da hängt ein Schlüsselchen am Band
Ich denke wohl, ich mach' es auf!
Was ist das? Gott im Himmel! Schau,
So was hab' ich mein' Tage nicht gesehn!

Ein Schmuck! Mit dem könnt' eine Edelfrau
Am höchsten Feiertage gehn.
Wie sollte mir die Kette stehn?
Wem mag die Herrlichkeit gehören?
Sie putzt sich damit auf und tritt vor den Spiegel.
Wenn nur die Ohrring' meine wären!
Man sieht doch gleich ganz anders drein.
Was hilft euch Schönheit, junges Blut?
Das ist wohl alles schön und gut,
Allein man lässt's auch alles sein;
Man lobt euch halb mit Erbarmen.
Nach Golde drängt,
Am Golde hängt
Doch alles. Ach wir Armen!

3 a Vergleichen Sie die vorliegende Szene mit der Szene „Kammer – Marie sitzt, ihr Kind auf dem Schoß, ein Stückchen Spiegel in der Hand“ aus dem Dramenfragment „Woyzeck“. Untersuchen Sie Parallelen und Unterschiede zwischen den Figuren Margarete und Marie.
Vervollständigen Sie hierzu die Tabelle in Ihrem Kursheft.

Aspekt	Margarete	Marie
Situation	*erhält Schmuck von Faust, da dieser …*	*im Leben …*
Figurengestaltung	*sittsam, schüchtern …*	*selbstsicher …*
Reaktion auf Schmuck/Verhalten		
Lebensumstände	*„Ach wir Armen“ (Z. 47) →*	
Sprechsituation	*Monolog →*	
Wünsche/Hoffnungen		
Weltbild/Ansichten		*„Ach! Was Welt? Geht doch alles zum Teufel, Mann und Weib.“ →*

b Reflektieren Sie die Wirkungsabsicht bei der Gestaltung der Protagonistinnen:
- Welches Selbstverständnis hat die Protagonistin bei Goethe, welches bei Büchner?
- Welches Frauenbild wird durch die weiblichen Figuren jeweils vermittelt?
- Wie gestaltet Büchner im Vergleich zu Goethe die Rolle der Frau innerhalb der vorherrschenden gesellschaftlichen Zusammenhänge?

4 Im Drama „Faust“ kommt der Figur Margarete eine eigenständige Bedeutung zu. Der als „Gretchentragödie“ bezeichnete Handlungsstrang, der von einer jungen Frau handelt, deren Liebesbeziehung tragisch endet, steht gleichwertig neben der „Gelehrtentragödie“ Fausts.
Die Literaturwissenschaftlerin Franziska Schößler fragt hinsichtlich der Protagonistin Marie im Dramenfragment „Woyzeck“, ob „die eigentliche ‚Heldin' des Stückes nicht Marie ist“. Erörtern Sie unter Einbeziehung von Textbelegen, ob das Dramenfragment von Georg Büchner eigentlich „Marie“ heißen sollte.

1.10 Klausurtraining: Einen Sachtext mit Bezug auf einen literarischen Text erörtern

Aufgabenbeispiel

1 Stellen Sie die zentralen Aussagen des Textauszugs der Literaturwissenschaftlerin Annette Graczyk zu Büchners Dramenfragment „Woyzeck" dar.

2 Erörtern Sie im Anschluss an Graczyks These, Marie sei eine Figur, die bisher nicht „als Individuum mit eigenständigen Lebensinteressen" wahrgenommen worden sei, inwiefern Marie zum „krankhaften Zusammenbruch von Woyzeck" beiträgt.

Annette Graczyk: **Mobilität durch Eros – Maries Ausbruchsversuch** (2008)

Dass es im Stück [...] eine männliche Hierarchie der Unterdrückung gibt, die dann von dem rangtiefsten Vertreter Woyzeck an die sozial noch weniger geschützte weibliche Außenseiterfigur, die unangepasst lebende Weibsperson Marie [...] weitergegeben wird, darüber gibt es auch in der allgemeinen Büchnerforschung seit langem einen Konsens. [...] Besonders das heikle, durch Büchners Textvarianten nicht abgesicherte Vorverständnis von Marie als einer Hure hat dazu geführt, sie nicht als Individuum mit eigenständigen Lebensinteressen wahrzunehmen. Sie wurde vielmehr diffus den gesellschaftlichen Umständen von Woyzeck zugerechnet. Danach trägt sie mit zum krankhaften Zusammenbruch von Woyzeck bei, der dann destruktiv auf sie selbst zurückwirkt. Maries Untreue bzw. ihre kurzfristige Liaison[1] mit dem ranghöheren Tambourmajor gilt in dieser Sicht nur als letzter Schlag, welcher Woyzeck von der Gesellschaft zugefügt wird und ihn letztlich aus dem Gleichgewicht wirft. Maries sexuelle Leichtfertigkeit und ihre Verführbarkeit [...] machte sie in diesem Interpretationsansatz weitgehend untauglich als ein Vorzeigeobjekt [...].

[...] Der Fokus auf die Lage der männlichen Unterschichtsfigur Woyzeck hat allerdings verhindert, dass die Lage der weiblichen Unterschichtsfigur Marie genügend wichtig genommen [...] wurde. Der im Stück entfaltete Konflikt lässt sich jedoch erst voll erkennen, wenn man Maries kurzfristigen Ausbruchsversuch und ihren Glücksanspruch ebenso ernst nimmt wie die solidarische Anstrengung von Woyzeck [...]. Das muss auch dann gelten, wenn man die lebenshungrige, um Kind und Mann relativ unbekümmerte Frau moralisch in den Gegensatz zum angestrengten Ernst des männlichen Familienversorgers setzt. Denn Büchner zeigt auch die Nöte einer jungen, noch unausgelebten Frau. Als ledige Mutter hat sie nicht den Status einer gesetzlich geschützten Ehefrau. Ihre materiellen Verhältnisse sind mehr als drückend, da Woyzeck sie und das Kind nur notdürftig unterhalten kann und Marie nicht einmal die Gewähr hat, dass das auf Dauer so bleiben wird. Im Gegensatz zu Woyzeck, der gegenüber dem Hauptmann von seiner ‚natürlichen' Frau und seinem ‚natürlichen' Kind spricht, fühlt sie sich nicht fest gebunden. Anders als Woyzeck ist sie zudem genötigt, ihre Selbständigkeit zu verteidigen. In der Ohrring-Szene verteidigt sie ihr Recht auf Autonomie: „Bin ich ein Mensch?" [...] In der [...] Szene [...] will Marie jeglichen Verdacht des misstrauischen Woyzeck von vornherein unterbinden. [...] Marie schneidet Woyzeck mit der Intervention: „Bin ich ein Mensch?" das Wort ab. Und tatsächlich fragt Woyzeck im Folgenden nicht nach, sondern wechselt das Thema. [...] Implizit aber verteidigt Marie ganz konkret ihre Rechte als weiblicher Mensch, denn sie schützt ihre sexuelle Freiheit, die Verfügbarkeit über den eigenen Körper und ihr Recht auf freie Partnerwahl. An einer Übereinkunft mit Woyzeck, an einem Beziehungsvertrag etwa, ist ihr nicht gelegen. Im Unterschied zu Woyzeck hat sie ein Vermögen, mit dem sie zu wuchern versucht: ihre erotische Ausstrahlung. Diese ist ihr einziges Potential, mit dem sie unter Umständen einen sozialen Aufstieg erreichen kann. Unter diesem Aspekt [...] ist Maries Liaison mit dem Tambourmajor [...] nicht nur eine private Liaison, sondern auch ein sozialer Ausbruchsversuch mit Hilfe der Sexualität. [...] Ihr Begehren richtet sich auf den virilen[2] Tambourmajor, und darüber hinaus hofft sie auf ein besseres Leben. Die Gefahren, die bei ihrem Ausbruchsversuch auf Marie lauern, sind allerdings nicht zu unterschätzen. Statt zum erhofften sozialen Aufstieg kann eine allzu oft genutzte erotische Wirkung im Gegenteil auch zu einem weiteren Abstieg führen. [...] Auch Marie sagt bereits am Schluss der Ohrringszene von sich selbst: „ich bin doch ein schlecht Mensch. Ich könnt' mich erstechen." Sie weiß, dass sie Woyzeck hintergeht, will sich aber letztlich doch nicht beugen: „Ach! Was Welt? Geht doch Alles zum Teufel, Mann und Weib." Im Übergang vom Anspruch, „ein Mensch" zu sein, zur Selbstbezichtigung, „ein schlecht Mensch" zu sein, bis zum fatalistisch übersteigerten Zusammenbruch aller Werte zeigt Büchner das innere Hin- und Hergerissensein der Marie.

1 sexuelles Verhältnis
2 ausgeprägt oder betont männlich

Erster Schritt: Die Aufgabenstellung verstehen

1 Lesen Sie die Aufgabenstellung. Markieren Sie die Operatoren und wichtige Aspekte.

Info **Erörterung eines Sachtextes mit Bezug auf einen literarischen Text**

Grundlage für die Erörterung eines Sachtextes mit Bezug auf einen literarischen Text ist ein Sachtext, der sich z. B. mit einer literaturwissenschaftlichen oder philosophischen Frage befasst. Das kann z. B. ein wissenschaftlicher Text, aber auch eine Rezension sein. Die in diesem Sachtext vertretenen Thesen werden zunächst untersucht und in einem zweiten Schritt mit Blick auf den literarischen Text erörtert.

2 Kreuzen Sie an: Was wird in der Aufgabenstellung von Ihnen verlangt?

	Erster Aufgabenteil: Ich soll ...
☐	eine Inhaltsangabe zu Graczyks Text verfassen.
☐	die zentralen Aussagen des Textes darstellen.
☐	einleitend Titel, Autorin, Textsorte, Erscheinungsjahr und Thema des Textes nennen.
	Zweiter Aufgabenteil: Ich soll ...
☐	eine Inhaltsangabe zu den wesentlichen Handlungslinien im „Woyzeck“ verfassen.
☐	erörtern, inwiefern Marie zum krankhaften Zusammenbruch Woyzecks beiträgt.
☐	die Figur Marie charakterisieren.
☐	erörtern, inwiefern die Figur Marie ein Individuum mit eigenständigen Lebensinteressen darstellt.
☐	ein aus der Argumentation resultierendes Fazit formulieren.
☐	eine sachliche und textbezogene Argumentation verfassen.

3 Klären Sie die Gewichtung der Aufgabenteile. Auf welchem Aufgabenteil sollte der Schwerpunkt Ihrer Arbeit liegen? Notieren Sie in Ihrem Kursheft.

Zweiter Schritt: Erstes Textverständnis und Ideen formulieren

4 Klären Sie, worum es im Text geht (▸ erster Aufgabenteil, S. 25).
Lesen Sie den Text dazu gründlich und aktiv, d. h. mit einem Stift in der Hand.
Konzentrieren Sie sich dabei auf Ihre Leseabsicht entsprechend der Aufgabenstellung.

5 Annette Graczyk befasst sich in ihrem Text mit der literaturwissenschaftlichen Deutung der Figur Marie im Dramenfragment „Woyzeck“. Schreiben Sie in Ihr Kursheft,
- was Ihnen spontan zu Büchners Darstellung der Figur Marie im Dramenfragment und ihrer Wirkung einfällt,
- wie Graczyk die Figur Marie im Unterschied zu gängigen literaturwissenschaftlichen Perspektiven deutet.

6 Halten Sie Ihre ersten Ideen für Ihre Erörterung (▸ zweiter Aufgabenteil, S. 25) im Kursheft fest.
Einerseits kann Marie für den Zusammenbruch Woyzecks verantwortlich gemacht werden, da ...
Betrachtet man jedoch den Zustand Woyzecks, der aufgrund des Erbsenexperiments ...

Dritter Schritt: Den Text analysieren und die Erörterung vorbereiten

7 Welche Formulierung benennt das Thema von Graczyks Text richtig? Kreuzen Sie an:

- ☐ Die einseitige literaturwissenschaftliche Deutung der Figur Marie verhindert den Blick auf sie als Individuum mit eigenständigen Lebensinteressen.
- ☐ Die Bedeutung der Figur Marie im Hinblick auf Woyzecks zunehmenden Wahnsinn wird in literaturwissenschaftlichen Texten nicht genügend berücksichtigt.
- ☐ Der soziale Hintergrund der Figur Marie findet in literaturwissenschaftlichen Texten zu wenig Beachtung.

8 Verschaffen Sie sich einen Überblick über den Textaufbau und rekapitulieren Sie Ihr Textverständnis, indem Sie die zentralen Aussagen abschnittsweise in eigenen Worten wiedergeben. Sie können den Wortspeicher nutzen.

Marie als weiteres Opfer der „männlichen Hierarchie der Unterdrückung" • Marie als untreue Lebensgefährtin, die zum Zusammenbruch Woyzecks beiträgt • eindimensionale Auffassung der Figur • Marie als eigenständige Persönlichkeit • Herausforderungen, denen Marie sich stellen muss • ledige Mutter • ohne Status einer gesetzlich geschützten Ehefrau • finanzielle Nöte • muss ihre Selbstständigkeit verteidigen • nutzt ihre erotische Ausstrahlung, um sozialen Aufstieg zu erreichen • Gefahr des sozialen Abstiegs • moralische Skrupel • behauptet ihre Rechte als weiblicher Mensch • beansprucht sexuelle Freiheit • Zerrissenheit der Figur

Die Literaturwissenschaftlerin Annette Graczyk stellt zu Beginn des Textes die These auf, dass Marie innerhalb der Büchnerforschung zwar neben der Figur Woyzeck als ein weiteres Opfer der „männlichen Hierarchie der Unterdrückung" (Z. 1 f.) anerkannt werde, dass dieser Ansatz alleine jedoch unzulänglich sei, um die Figur in ihrer ganzen Individualität zu verstehen.

9 a Handelt es sich bei Marie lediglich um eine Figur neben anderen, die für den psychischen Zusammenbruch Woyzecks verantwortlich sind, oder trägt sie dafür keine Verantwortung? Halten Sie Ihre Ideen zur Lösung des zweiten Aufgabenteils (▶ Aufgabenstellung S. 25) in der nachfolgenden Tabelle fest. Beziehen Sie sich auf Textstellen, auf die Sie in Ihrer Erörterung verweisen können.

Marie als eine der Figuren, die für Woyzecks Zusammenbruch verantwortlich sind	Marie als eine Figur, die nicht für Woyzecks Zusammenbruch verantwortlich ist
hat kein Verständnis für Woyzecks Zustand: „Der Mann! So vergeistert. Er hat sein Kind nicht angesehn. Er schnappt noch über mit den Gedanken.“ (Szene „Die Stadt“)	*versucht lediglich, ihrer Armut zu entkommen und sozial aufzusteigen: „ich bin nur ein arm Weibsbild“ (Szene „Kammer – Marie sitzt, ihr Kind auf dem Schoß, ein Stückchen Spiegel in der Hand“)*
anstatt Woyzeck in seinen Nöten zu unterstützen, ignoriert sie diese und wendet sich von ihm ab: „Was hast du, Franz? Du bist hirnwütig, Franz.“ (Szene „Auf der Gasse“)	

b Fassen Sie Ihre Überlegungen zum zweiten Aufgabenteil im Kursheft zusammen, indem Sie die Darstellung der Marie im Dramenfragment erörtern. Aufgrund welcher Aussagen, Einstellungen oder Taten ist sie verantwortlich für Woyzecks psychischen Zusammenbruch? Inwiefern versucht sie lediglich Ihren Wünschen und Hoffnungen nachzukommen? Was tragen die anderen Figuren durch ihre Aussagen, Einstellungen oder Taten zu Woyzecks Zusammenbruch bei?

Vierter Schritt: Den Schreibplan erstellen und den Text schreiben

10 Entwerfen Sie einen Schreibplan, indem Sie die folgenden Arbeitsschritte durch Nummerierung in eine sinnvolle Reihenfolge bringen. **Tipp:** Nutzen Sie als Strukturierungshilfe die Aufgabenstellung (▶ S. 25).

- ☐ erörtern, inwiefern Marie verantwortlich für den Zusammenbruch Woyzecks gemacht werden kann
- ☐ eine Schlussfolgerung auf der Basis meiner Unterrichtskenntnisse zum zweiten Aufgabenteil formulieren
- ☐ Graczyks Text in einer aufgabenbezogenen Einleitung mit zentralen Angaben wie Autorin, Titel, Textsorte, Erscheinungsjahr vorstellen
- ☐ erschließen, wie Graczyk die Darstellung der Figur Marie deutet und welche Konsequenzen sich daraus für die Figur ergeben
- ☐ Textbelege innerhalb der Erörterung für meine einzelnen Argumente angeben
- ☐ eine aufgabenbezogene Überleitung mit Bezug zum Sachtext und zu „Woyzeck“ formulieren
- ☐ das zentrale Thema von Graczyks Text benennen (einseitige literaturwissenschaftliche Deutung der Figur Marie verhindert den Blick auf sie als Individuum mit eigenständigen Lebensinteressen) und mit Hilfe der wichtigsten Aussagen einen Überblick über den Textaufbau geben
- ☐ eine Schlussfolgerung auf der Basis meiner Unterrichtskenntnisse zum ersten Aufgabenteil formulieren

11 Verfassen Sie nun die Erörterung in Ihrem Kursheft. Beachten Sie die Hinweise in der Aufgabenstellung (▸ S. 25) und die Gewichtung der Teilaufgaben (▸ S. 26, Aufg. 3). Sie können die folgenden Formulierungsbausteine verwenden. Auch das Kohärenzrad und die Regeln zum richtigen Zitieren (▸ hintere innere Umschlagseite) können eine Hilfestellung geben.

Formulierungsbausteine **Einen Sachtext mit Bezug auf einen literarischen Text erörtern**

- **Erster Aufgabenteil (Sachtextanalyse):**
  Im vorliegenden Text thematisiert die Autorin ...
  Die Autorin vertritt die These / ist der Ansicht, dass ...
  Zunächst legt sie ... dar. Dann nimmt sie Bezug auf ...
  Dabei stützt sie sich auf ...
  Zusammenfassend lässt sich festhalten, dass ...
- **Überleitung:**
  Die Ausführungen von ... sollen nachfolgend erörtert werden, indem ...
  ... gilt es zu untersuchen
- **Zweiter Aufgabenteil (Erörterung):**
  Mit Blick auf die Figur Marie kann angeführt werden, dass ...
  Berücksichtigt man, dass ...
  Dafür spricht (auch), dass ...
  Allerdings kann einschränkend gesagt werden, dass ...
  Diese Figurenzeichnung verdeutlicht zudem ..., da ...
  Stellt man einen Bezug zur Wirkungsabsicht des „Woyzeck" her, so zeigt sich, dass Marie allgemein ...
- **Fazit:**
  Als Fazit meiner Überlegungen lässt sich festhalten, dass ...
  Meiner Einschätzung nach ...

Fünfter Schritt: Den eigenen Text überarbeiten

12 Überarbeiten Sie Ihren Text mit Hilfe der folgenden Checkliste.

Checkliste **Einen Sachtext mit Bezug auf einen literarischen Text erörtern**

- Ist Ihre Erörterung klar gegliedert und sprachlich korrekt?
- Enthält Ihre Einleitung Angaben zu Autorin, Titel, Textsorte, Erscheinungsdatum und zum Thema bzw. zur zentralen These des Textes?
- Werden zentrale Aussagen des Textes (hier: Graczyks Text) in ihrem gedanklichen Zusammenhang mit eigenen Worten wiedergegeben?
- Haben Sie eine Überleitung verfasst, die Bezüge zwischen der ersten und zweiten Teilaufgabe herstellt und das weitere Vorgehen erläutert?
- Haben Sie in der Erörterung die Thesen des Sachtextes (hier: Graczyks Text) auf einen literarischen Sachverhalt (hier: Deutung der Figur Marie als Individuum mit eigenständigen Lebensinteressen) angewendet?
- Haben Sie Ihre Ausführungen mit einem zusammenfassenden Fazit beendet?
- Haben Sie Ihre Sätze gedanklich schlüssig miteinander verknüpft?
- Haben Sie korrekt zitiert und bei Paraphrasen den Konjunktiv bei indirekter Rede verwendet?
- Haben Sie abschließend Ihren Text auf Rechtschreibung, Grammatik und Zeichensetzung überprüft?

13 Notieren Sie abschließend die Aspekte, auf die Sie bei der nächsten Erörterung achten wollen.

___

___

___

2 Robert Seethaler: „Der Trafikant“

Seitenangaben zum Roman beziehen sich auf:
Robert Seethaler: Der Trafikant. Zürich: Kein & Aber Pocket, 9. Auflage 2014

2.1 Vor und während der Lektüre

1 a Lesen Sie die folgenden Situationsbeschreibungen und notieren Sie jeweils spontan Ihre Antwort auf die Frage.
b Diskutieren Sie die Situationen und Ihre Antworten in Kleingruppen.

Situation 1
Sie müssen aus Geldnot Ihr Elternhaus mit 17 Jahren verlassen und zur Ausbildung alleine aus einem abgelegenen Dorf in eine Großstadt ziehen.

Wie würden Sie sich fühlen?

____

____

____

Situation 2
Sie haben noch nie eine Beziehung gehabt. Ein alter, ungefähr 80-jähriger Mann gibt Ihnen Tipps, wie Sie eine Beziehung anbahnen können.

Wie würden Sie mit solchen Tipps umgehen?

____

____

____

Situation 3
Sie lernen auf einer Großveranstaltung (z. B. Konzert) jemanden kennen und verlieben sich in ihn/sie. Tage später finden Sie heraus, dass diese Person mit zahlreichen anderen Menschen in einer heruntergekommenen Fabrikhalle haust.

Wie würden Sie reagieren?

____

____

____

Situation 4
Ein Freund hat auf einer Party jemanden kennen gelernt und eine Nacht mit dieser Person verbracht. Dann stellt er fest, dass die neue Bekanntschaft sich in radikalen politischen Kreisen bewegt und dort auch Liebesbeziehungen eingeht.

Was würden Sie ihm raten?

____

____

____

2 Vergleichen Sie während Ihrer Lektüre, inwiefern sich ähnliche Situationen im Roman wiederfinden und wie der Protagonist jeweils handelt. Notieren Sie Stellen, an denen sein Verhalten Sie überrascht.

____

____

____

3 Lesen Sie die folgende Interviewäußerung von Robert Seethaler. Wie verstehen Sie seine Aussagen zur Naivität? Erläutern Sie, ob Sie deren Wertschätzung durch den Autor nachvollziehen können. Schreiben Sie in Ihr Kursheft.

„Ja, Naivität hat für mich viel mit Offenheit zu tun, nicht mit Dummheit. Meine Figuren sind häufig bereit, ihre Grenzen zu erweitern, sich auf andere einzulassen, sie staunen über sich und die Welt und gehen dem nach. Nicht naiv zu sein heißt dagegen für mich eine ‚fertige‘ Persönlichkeit zu sein – also starr und festgefahren.“ *(Robert Seethaler, 2013)*

2.2 Die Handlung

1 a Rekapitulieren Sie den Handlungsverlauf des Romans, indem Sie die folgenden Überschriften in die richtige Reihenfolge bringen.
b Tauschen Sie sich in Partnerarbeit über Ihre Ergebnisse aus. Korrigieren Sie sie gegebenenfalls.

- *1* Gewitter am Attersee und die Folgen für Franz und seine Mutter
- ☐ Erstes Gespräch mit Freud
- ☐ Franz trifft Anezka auf dem Prater
- ☐ Franz erkundigt sich bei Gestapo nach Trsnjek
- ☐ Anezka vor der Trafik 1945
- ☐ Zweiter Besuch der „Grotte“
- ☐ Franz arbeitet in der Trafik
- ☐ Trsnjeks Hose und Franz’ Verhaftung
- ☐ Letztes Gespräch mit Freud und dessen Flucht
- ☐ Franz’ erster Brief an seine Mutter
- ☐ Erster Anschlag auf Trafik
- ☐ Verhaftung Trsnjeks
- ☐ Der Trafikant Franz
- ☐ Zweites Gespräch mit Freud
- *12* Selbstmord des „Roten Egon“
- ☐ Trsnjek erklärt Franz das Trafikantenleben
- ☐ Franz verlässt seine Mutter und fährt nach Wien
- ☐ Zweiter Anschlag auf Trafik
- ☐ Franz trifft Anezka wieder
- ☐ Erster Besuch der „Grotte“
- ☐ Traumzettel am Schaufenster der Trafik
- ☐ Drittes Gespräch mit Freud
- ☐ Tod Trsnjeks

2 Rund um die Hauptfigur Franz Huchel entwickeln sich die verschiedenen Handlungsstränge des Romans.
a Erschließen Sie die verschiedenen Handlungsstränge. Markieren Sie hierzu die Überschriften, die sich einem Handlungsstrang zuordnen lassen, jeweils mit der gleichen Farbe.
Tipp: Es können fünf Handlungsstränge unterschieden werden.
b Fassen Sie Inhalt und Themen der einzelnen Handlungsstränge knapp zusammen.

1. Handlungsstrang: Franz erlebt mit Anezka die erste Liebe und ______________________

____

2. Handlungsstrang: ______________________________

____

____

____

____

____

____

____

c Diskutieren Sie Ihre Arbeitsergebnisse in Kleingruppen und bereiten Sie sich darauf vor, Ihre Überlegungen zu den Handlungssträngen des Romans im Kurs zu präsentieren. Gehen Sie dabei auch darauf ein, inwiefern sich die verschiedenen Handlungsstränge berühren.

2.3 Zeitgestaltung und Ort

Info **Zeitgestaltung**

Im Hinblick auf die Zeitgestaltung sind folgende Aspekte eines Erzähltextes aufschlussreich:

- Wie ist das Verhältnis von **Erzählzeit** (Zeit, in der die Geschichte erzählt bzw. gelesen werden kann) und **erzählter Zeit** (Zeitraum, in dem sich das erzählte Geschehen abspielt) gestaltet? Es gibt drei Möglichkeiten: **Zeitdeckung** (Erzählzeit und erzählte Zeit sind etwa deckungsgleich, z. B. im szenischen Erzählen), **Zeitraffung** (Erzählzeit ist kürzer als die erzählte Zeit, z. B. wenn Zeitspannen übersprungen oder Vorgänge stark zusammengefasst wiedergegeben werden), **Zeitdehnung** (Erzählzeit ist länger als die erzählte Zeit, z. B. wenn Gedanken und Gefühle einer Figur ausführlich wiedergegeben werden oder der Erzähler längere Kommentare und Reflexionen einfügt).
- Wird **chronologisch,** d. h. kontinuierlich (linear) erzählt oder diskontinuierlich in Form von **Rückblenden** und **Vorausdeutungen?**
- Lässt sich die Handlung **historisch verorten,** also klar erkennbar einer historischen Situation zuordnen?

1 Untersuchen Sie die Zeitgestaltung (▸ Information) im Roman „Der Trafikant“:

a Welchen Zeitraum umfasst das Geschehen, das im Roman erzählt wird? Erstellen Sie im Kursheft eine Übersicht zum Zeitverlauf, indem Sie wichtige Zeitangaben notieren und um Stichworte zur Romanhandlung (▸ S. 31) ergänzen. Hinweise finden Sie z. B. auf den Seiten 7, 29, 35, 64, 82, 121, 143, 185, 191 f., 230, 247.

b Welche Textpassagen sind zeitdeckend gestaltet, welche zeitraffend? Notieren Sie jeweils zwei exemplarische Textauszüge (Seitenangaben, Anfang und Ende des Zitats).

c Wo wird das chronologische Erzählen im Roman durch Rückblenden unterbrochen? Notieren Sie in Ihrem Kursheft auch hierzu zwei Textstellen.

2 Welche (inhaltliche) Funktion haben die zeitdeckend bzw. zeitraffend erzählten Textpassagen?

a Stellen Sie anhand des folgenden Zitats Vermutungen an, warum die Gespräche zwischen Franz und Freud zeitdeckend erzählt werden. Schreiben Sie in Ihr Kursheft.

> „Hast du nichts Besseres zu tun, als die angestaubten Schinken alter Herren zu lesen?“, fragte er. „Was zum Beispiel, Herr Professor?“ „Das fragst du mich? Du bist jung. Geh an die frische Luft. Mach einen Ausflug. Amüsier dich. Such dir ein Mädchen.“ (S. 43)

b Erläutern Sie, warum sich der Roman manchmal einer zeitraffenden Erzählweise bedient. Gehen Sie dabei unter anderem von folgendem Zitat aus.

> In den Wochen nach diesen Ereignissen war Franz immer wieder in den Prater gefahren, um sich auf die Suche nach dem Mädchen zu machen. Stundenlang hatte er Straßen und Gassen durchstreift, war in Wirtshäusern gesessen oder vor dem Strumbott herumgelungert, stets in der Hoffnung, das Gesicht mit den strohblonden Haaren irgendwo aufgehen zu sehen. (S. 64)

3 Welche Funktion haben die wiederholten Rückblenden für die Romanhandlung? Untersuchen Sie dazu im Kursheft die zwei folgenden Textauszüge in ihrem Kontext:

– Seite 53 („Er musste an das hölzerne Regenfass [...]“) bis Seite 54 („[...] sitzen bleiben würde.“)
– Seite 99 („Er musste an den See denken.“) bis Seite 100 („[...] als kleine Sehnsucht mit sich.“)

4 Informationen im Text erlauben es, die Romanhandlung präzise in einer bestimmten historischen Situation zu verorten (▸ S. 39 f.). Diskutieren Sie im Kurs, welche Wirkung dies auf die Leserin / den Leser hat.

Info **Der Ort der Handlung**

Die **Orte** bzw. **Schauplätze** der Handlung von Erzähltexten können bestimmte Assoziationen bei der Leserin / dem Leser wecken und wesentlich zum Textverständnis beitragen. Folgende Aspekte sind bedeutsam:

- Welche Orte bzw. Schauplätze spielen eine Rolle im Handlungsverlauf? Wie werden sie beschrieben? Welche **Atmosphäre** vermitteln sie? Sind sie **gegensätzlich gestaltet,** z. B. ländlich – städtisch, real – fantastisch, erlebt – ersehnt?
- Spielen **räumliche Grenzen bzw. Verbindungen** eine zentrale Rolle im Handlungsverlauf, z. B. Tore, Mauern, Brücken?
- Wie ist das **Verhältnis von Ort, Figuren und Handlung** gestaltet? Sind Figuren bestimmte Schauplätze zugeordnet? Werden räumliche Grenzen von Figuren überschritten?
- **Verändern** sich Schauplätze im Handlungsverlauf?

1 Der Roman erzählt das Leben der Figur Franz Huchel an zwei Orten: in Nußdorf am Attersee und in Wien.

a „Ja, dachte Franz benommen, das hier ist etwas anderes. Etwas völlig und ganz anderes." (S. 20) – Interpretieren Sie anhand des folgenden Textauszugs, wie Franz die Stadt Wien bei seiner Ankunft wahrnimmt: Seite 19 („Als der Zug schließlich [...]") bis Seite 22 („[...] das Sonnenlicht glänzte."). Berücksichtigen Sie dabei auch die sprachlichen Gestaltungsmittel (▸ Information, S. 35) und deren Wirkung. Schreiben Sie in Ihr Kursheft.

b Stellen Sie in Ihrem Kursheft dar, welches Bild auf den Seiten 7 bis 14 des Romans von Nußdorf, dem Heimatort Franz Huchels, gezeichnet wird.

c Formulieren Sie abschließend, welche Bedeutung dieser Ortswechsel für das Leben von Franz Huchel hat.

2 In Wien angekommen beginnt Franz eine Lehre beim Trafikbesitzer Otto Trsnjek, in dessen Trafik er auch wohnt.

a Erläutern Sie in Ihrem Kursheft die Bedeutung, die dem Ort Trafik innerhalb des Romans zukommt. Berücksichtigen Sie insbesondere folgende Textstellen: Seite 22–33, 35 ff., 60 f., 91 ff., 145 ff., 151–153, 164 ff.

b Für Franz wird die Trafik auch zu einem Ort, der ihm eine „Ahnung von den Möglichkeiten der Welt" (S. 29) vermittelt. Diskutieren Sie mit Ihrer Lernpartnerin / Ihrem Lernpartner, was damit gemeint sein könnte.

3 Franz besucht im Verlauf der Romanhandlung zweimal das Nachtlokal „Zur Grotte".

a Vergleichen Sie die zwei Beschreibungen dieses Ortes: Wann findet der Besuch statt? Welche Atmosphäre herrscht jeweils vor? Welchen Personen begegnet Franz dort? Wie verhalten sie sich? Übertragen Sie hierzu die folgende Tabelle in Ihr Kursheft und führen Sie sie dort fort.

b Erläutern Sie in Ihrem Kursheft abschließend, welche Funktion die zweifache Beschreibung dieses Ortes für die Romanhandlung hat.

Vergleichsaspekt	Erster Besuch der „Grotte" (S. 99–109)	Zweiter Besuch der „Grotte" (S. 202–209)
Zeitpunkt des Besuchs	– *ca. Februar 1938 (vgl. Zeitangaben auf S. 96)*	– *zweite Maihälfte 1938 (vgl. ...)*
Beschreibung des Ortes	– *Eingang zur „Grotte": „im Halbdunkel einer Mauernische" (S. 99) versteckt* – ...	...
anwesende Figuren und ihr Verhalten	...	...

2.4 Die Hauptfiguren

Franz Huchel – Den Protagonisten charakterisieren

Info **Eine literarische Figur charakterisieren**

In einer **Charakteristik** oder einem **Figurenporträt** wird der Gesamteindruck von einer Figur festgehalten. Einzugehen ist dabei auf folgende Aspekte: Lebensumstände, Geschlecht, sozialer Status, äußeres Erscheinungsbild, Vorlieben, Gedanken, Gefühle, Charaktereigenschaften, Einstellungen, Absichten und Motive, Tätigkeiten, und Verhaltensweisen, Verhältnis zu anderen Figuren. Hinweise geben Textstellen, die
- **direkt** etwas über die Figur aussagen (Äußerungen anderer Figuren oder des Erzählers über die Figur) oder
- **indirekt** Rückschlüsse auf den Charakter erlauben (eigene Äußerungen der Figur, Verhalten).

Aufschlussreich ist auch die Untersuchung der **Entwicklung einer Figur** im Erzählverlauf.

Mit den folgenden Aufgaben erarbeiten Sie schrittweise eine Charakterisierung (▶ Information) der Figur Franz Huchels.

1 Beschreiben Sie die Lebenssituation Franz Huchels in seinem Heimatort Nußdorf und deuten Sie diese.

Der 17-jährige Franz lebt mit seiner Mutter in einer Hütte in Nußdorf am Attersee. ______________________

____

____

Diese Lebensumstände sprechen dafür, dass ______________________

____

2 Untersuchen Sie das Verhältnis Franz Huchels zu den anderen zentralen Figuren des Romans.

a Vervollständigen Sie hierzu das folgende Schaubild, indem Sie in ihm weitere Figuren ergänzen und die jeweilige Beziehung auf oder neben den Pfeilen stichwortartig charakterisieren.

b Fassen Sie abschließend zusammen, wodurch Franz' Verhältnis zu anderen gekennzeichnet ist. Schreiben Sie in Ihr Kursheft.

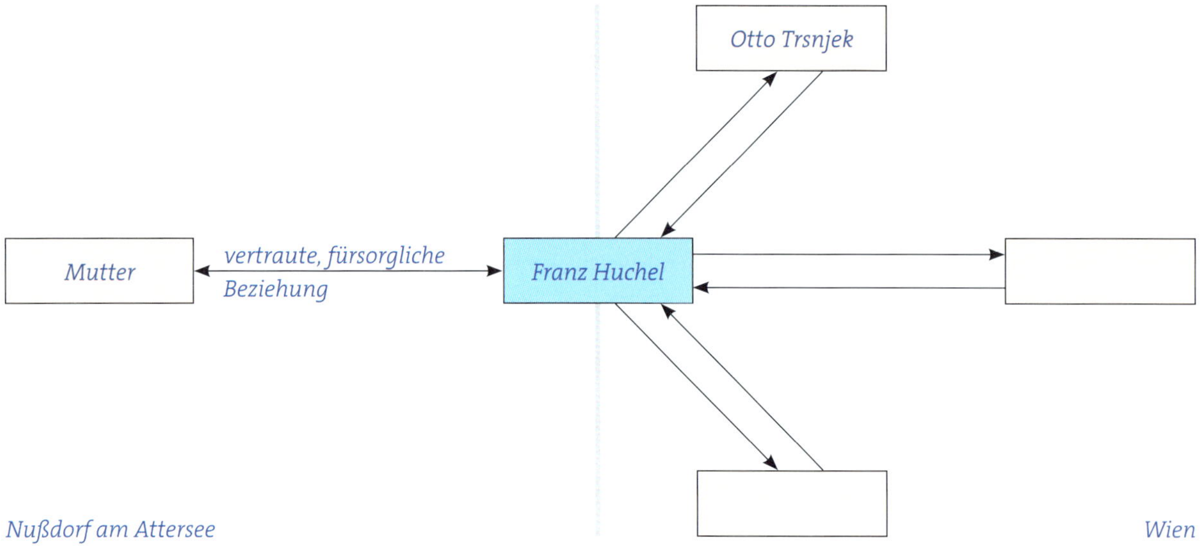

3 „Jetzt bin ich der Trafikant“ (S. 222), sagt Franz Huchel nach dem Tod Otto Trsnjeks.
Erläutern Sie in Ihrem Kursheft anhand der Seiten 22 bis 27 des Romans die Aufgaben eines Trafikanten und arbeiten Sie dann heraus, welches Selbstverständnis von Franz sich im Zitat spiegeln könnte.

4 Franz Huchel ist kein statischer Charakter, sondern zeigt im Verlauf der Romanhandlung eine Entwicklung.
- a Lesen Sie den folgenden Textauszug und ordnen Sie ihn in den Gesamtzusammenhang ein. Was geht ihm unmittelbar voraus? Welche nachfolgenden Ereignisse der Handlung hängen mit ihm zusammen?
- b Zeichnen Sie anhand des Auszugs nach, wie Franz rückblickend sein erstes Jahr in Wien reflektiert. Schreiben Sie in Ihr Kursheft. Belegen Sie Ihre Aussagen mit konkreten Textstellen.
- c Untersuchen Sie die Erzählweise (► Information, S. 43) und die sprachliche Gestaltung (► Information). Halten Sie Ihre Ergebnisse stichwortartig in der Randspalte fest.
- d Beurteilen Sie im Kurs die Wirkung dieser Mittel. Was tragen sie zur Charakterisierung der Figur bei? Notieren Sie das Ergebnis in Ihrem Kursheft.

Robert Seethaler: **Der Trafikant** (2012)

Vor dem Bahnhofseingang stand die Gaslaterne, an der Franz sich damals gleich nach seiner Ankunft in Wien festklammern musste. Wie lange war das her? Ein Jahr? Ein halbes Leben? Ein ganzes? Er musste über sich selbst lachen, über diesen komischen Buben, der hier seinerzeit an der Laterne gehangen hatte, mit dem harzigen Waldgeruch in den Haaren, einem Batzen Dreck an den Schuhen und ein paar verdrehten Hoffnungen hinter der Stirn. Und plötzlich wurde ihm bewusst, dass es diesen Buben nicht mehr gab. Weg war der. Abgetrudelt und untergegangen, irgendwo im Strom der Zeit. Wobei das alles ja schon recht schnell gegangen war, dachte er, vielleicht sogar insgesamt ein bisschen zu schnell. Irgendwie fühlte es sich an, als wäre er vor der Zeit aus sich selbst herausgewachsen. Oder einfach herausgetreten aus dem eigenen Ich, wenn man das so sagen konnte. Das Einzige, was blieb, war die Erinnerung an einen schmalen Schatten unter einer Gaslaterne. Er atmete tief ein. Die Stadt roch nach Sommer, Pferden, Diesel und Teer. Über den Gürtel bimmelte eine Straßenbahn heran. Aus einem der Seitenfenster flatterte ein Hakenkreuzfähnchen. Er musste an die Mutter denken, die womöglich jetzt gerade auf einem sonnenwarmen Steg saß und ins flimmernde Ufergeplätscher hinunterweinte. Er dachte an Otto Trsnjek, dessen Krücken nutzlos in der Verkaufsraumecke lehnten. Und er dachte an den Professor, der die Stadtgrenze längst zurückgelassen haben musste und wahrscheinlich schon irgendwo über die niederösterreichischen Erdäpfelfelder in Richtung London sauste. Vielleicht könne man da und dort ein Zeichen setzen, hatte der Professor gesagt, ein kleines Licht in der Dunkelheit, mehr könne man nicht erwarten. Aber auch nicht weniger, dachte Franz und hätte fast laut aufgelacht. Die Straßenbahn bimmelte vorbei und bog in die Mariahilferstraße ein. Das Fähnchen am Fenster sah aus, als ob es tanzte. (S. 236 f.)

personales Erzählverhalten

rhetorische Fragen
→ erlebte Rede

5 Verfassen Sie auf der Grundlage Ihrer Teilergebnisse aus den Ausgaben 1–4 in Ihrem Kursheft eine Charakterisierung (► Information, S. 34) von Franz Huchel. Reflektieren Sie dabei auch die Entwicklung der Figur im Erzählverlauf.

6 „Franz Huchel ist ein reiner Tor aus der Provinz, herzensgut und etwas begriffsstutzig, aber dumm ist er nicht." – Setzen Sie sich kritisch mit dieser Deutung des Literaturkritikers Manfred Papst auseinander.
Gehen Sie dabei auch auf den Begriff des „Toren" ein, der in der Literatur zumeist eine unreife, einfältige, tollpatschige und vorurteilsbehaftete Person bezeichnet. Schreiben Sie in Ihr Kursheft.

Info **Die sprachliche Gestaltung von Erzähltexten**

Berücksichtigen Sie bei der Analyse der sprachlichen Gestaltung eines Erzähltextes vor allem folgende Aspekte:
- **Wortwahl:** Welcher Stilebene entstammen die Wörter? Gibt es Wörter, die vor allem von einer bzw. für eine Figur verwendet werden? Stammen viele Wörter aus einem bestimmten Wortfeld (z. B. Natur)?
- **Satzbau:** Sind die Sätze verschachtelt oder einfach aufgebaut (Hypotaxe, Parataxe)? Sind Sätze unvollständig (Ellipsen)? Werden bestimmte Satzarten bevorzugt (z. B. Aussage-, Ausrufe-, Fragesätze)? Gibt es Wiederholungen gleicher syntaktischer Fügungen (Parallelismen)?
- **Rhetorische Figuren:** Gibt es sprachliche Bilder (Vergleiche, Metaphern, Personifikationen, Symbole ► S. 44), Mittel wie Lautmalerei, Euphemismen, Alliterationen, Anaphern, rhetorische Fragen? Wird Ironie eingesetzt?

Otto Trsnjek als Ersatzvater? – Ein Rollenprofil erstellen

Info **Rollenprofile zu Figuren**

Im Theater und im Film wird oft mit sogenannten **Rollenprofilen** gearbeitet, beispielsweise beim Schauspielercasting oder beim Ausgestalten einer Rolle. Dazu wird ein Selbstporträt zu einer Figur in der Ich-Form erstellt. Ziel ist ein möglichst umfassendes Bild von der Figur. Dabei entwickelt die Schauspielerin / der Schauspieler über die Textvorlage hinaus eine Vorstellung von der Figur, z. B. von: Herkunft, Erziehung und Bildung, Lebensweg, Beruf, Beziehungen, Einstellungen, Wünschen, Befürchtungen, Ängsten der Figur.

1 a Wählen Sie einige der folgenden Fragen als Anregung und ergänzen Sie auch noch eigene Fragen. Erstellen Sie dann in Ihrem Kursheft ein Rollenprofil zur Figur Otto Trsnjeks, indem Sie diese Fragen mit Hilfe des Textes beantworten.

Rollenprofil

Selbstbild/Vorlieben
- Wie alt bist du? Wo und mit wem lebst du?
- Was magst du an dir, was nicht?
- Was sind deine Probleme, deine Ängste, deine Träume?
- Welche Dinge beschäftigen dich am meisten? Wie beeinflussen sie dein Leben und dein Selbstbild?
- Was magst du an anderen Menschen gar nicht? Was macht dich wütend?
- Was bedeuten dir Werte wie Respekt und Toleranz?

Vergangenheit
- Aus was für einem Elternhaus stammst du?
- In was für Beziehungen hast du in der Vergangenheit gelebt?
- Welche Ereignisse sind dir besonders in Erinnerung geblieben und haben dich geprägt?

Arbeitsalltag
- Wie sieht dein Arbeitsalltag aus? Welche Qualifikationen sind dafür erforderlich?
- An welchen Orten arbeitest du? Mit wem und für wen arbeitest du?
- Was bedeutet dir deine Arbeit? Was verdienst du?

Aussehen und Auftreten
- Wie siehst du aus? Wie sind Körperbau, Gesicht, Haar, Frisur?
- Wie bist du gekleidet?
- Wie bewegst du dich? Wie gehst, stehst oder sitzt du in unterschiedlichen Situationen oder in der Gegenwart von unterschiedlichen Personen?
- Welche Wirkung übt dein Auftreten auf andere aus?

b Notieren Sie, was Ihnen die Entwicklung des Rollenprofils für das Verständnis der Figur gebracht hat.

Durch das Schreiben des Rollenprofils habe ich ____________________

2 Nehmen Sie textbasiert Stellung zu der These, dass Otto Trsnjek für Franz Huchel ein Ersatzvater ist.

Real oder fiktiv? – Die Figur „Sigmund Freud“ untersuchen

Info **Sigmund Freud**

Sigmund Freud (1856–1939) hat die moderne Psychoanalyse begründet. Nach Medizinstudium und verschiedenen Forschungen ließ er sich 1886 in Wien als Arzt nieder, zunächst als Krankenhausarzt für Neurologie, später von 1891 bis 1938 mit eigener Praxis in der Berggasse 19. Dort wohnte er auch mit seiner Frau Martha und sechs Kindern, von denen seine jüngste Tochter Anna, ebenfalls Psychoanalytikerin, besonders bekannt ist.
Freud hat viele Werke zur Psychoanalyse, aber auch zu anderen Themen wie Kultur und Religion veröffentlicht. Von seiner Herkunft her Jude setzte er sich kritisch mit Religion auseinander und praktizierte den jüdischen Glauben nicht. Besonders bekannt sind sein Werk **„Die Traumdeutung“** (1900, ▶ S. 41) und das von ihm entworfene **Strukturmodell der Psyche aus Über-Ich, Es und Ich** (▶ S. 42). Berühmtes Symbol seiner psychoanalytischen Praxis ist die Couch, auf der seine Patientinnen und Patienten abgestützt von Kissen und halbliegend ihr Seelenleben schildern sollten. Freud musste 1938 aufgrund der nationalsozialistischen Verfolgung von Juden nach London fliehen, wo er geschwächt von jahrelangem Leiden an Gaumenkrebs 1939 verstarb.

1 a Informieren Sie sich über Sigmund Freuds Leben und Werk (▶ Information).
b Stellen Sie vor dem Hintergrund dieser Informationen Vermutungen an, welche Erwartungen und Hoffnungen Franz hegt, wenn er auf der Bank vor Freuds Haus in der Berggasse 19 wartet (vgl. S. 71).

2 a Untersuchen Sie die vier Gespräche zwischen Franz Huchel und Sigmund Freud, indem Sie in Ihrem Kursheft die folgenden vier zentralen Ratschläge Freuds kurz erläutern und jeweils aufzeigen, wie sie das Denken und Handeln von Franz beeinflussen.
b Arbeiten Sie heraus, wie Freud in den Gesprächen mit Franz charakterisiert wird (▶ Information, S. 34).

„Du bist jung. Geh an die frische Luft. Mach einen Ausflug. Amüsier dich. Such dir ein Mädchen.“ (S. 43)

„In den entscheidenden Dingen sind wir von Anfang an auf uns selbst gestellt. Wir müssen uns immer wieder fragen, was wir möchten und wohin wir wollen. Anders gesagt: Du musst deinen eigenen Kopf bemühen. Und wenn dir der keine Antworten gibt, frag dein Herz!“ (S. 141)

Sigmund Freud (1856–1939)

„Erstes Rezept (gegen dein Kopfweh): Hör auf, über die Liebe nachzudenken. Zweites Rezept (gegen dein Bauchweh und die wirren Träume): Leg dir Papier und Feder neben das Bett und schreib sofort nach dem Aufwachen alle Träume auf. Drittes Rezept (gegen dein Herzweh): Hol dir das Mädchen wieder – oder vergiss sie!“ (S. 78)

„Wir kommen nicht auf die Welt, um Antworten zu finden, sondern um Fragen zu stellen. Man tapst sozusagen in einer immerwährenden Dunkelheit herum, und nur mit viel Glück sieht man manchmal ein Lichtlein aufflammen. Und nur mit viel Mut oder Beharrlichkeit oder Dummheit oder am besten mit allem zusammen kann man hie und da selber ein Zeichen setzen.“ (S. 223 f.)

3 Setzen Sie sich mit der folgenden Kritik an der literarischen Darstellung Freuds auseinander.
Nehmen Sie in Ihrem Kursheft Stellung dazu, ob Literatur sich bei der Rezeption realer Personen an deren tatsächlichen Lebenslauf und Charakter halten muss.

Natürlich ist es immer gefährlich, historische Personen in einem fiktionalen Kontext vorzuführen, und in der Tat gehören die Gespräche zwischen Franz Huchel und Sigmund Freud nicht zu den stärksten Passagen in Seethalers sonst bemerkenswert kohärentem Roman. Dass Freud in amourösen Dingen so hilflos ist wie der Bursche Franz, ist zwar lustig. In ihrer Saloppheit wirken die Dialoge indes ein wenig aufgesetzt. Dass Freud ausgerechnet gegenüber einem Kioskgehilfen eine launige, selbstironische Summe seiner Lehre ziehen soll, erscheint kaum glaubhaft – zumal Lockerheit in eigener Sache gerade nicht zu den verlässlich überlieferten Zügen seines Charakters zählt. *Manfred Papst, Neue Zürcher Zeitung, 27. 01. 2013*

Unabhängiges Leben? – Die Figur Anezka

1 Untersuchen Sie Anezkas Lebens- und Arbeitssituation (S. 87–91, 106 ff., 110 ff., 205 ff.), aber auch, wie sie von Franz (S. 50–55) und dem Kellner des Schweizerhauses (S. 84–86) wahrgenommen wird. Visualisieren Sie Ihre Ergebnisse im Kursheft mit Hilfe einer Mindmap. Führen Sie konkrete Belegstellen an.

2 Der Roman „Der Trafikant“ wurde bereits mehrfach als Theaterstück umgesetzt.

a Beschreiben Sie die zwei Szenenbilder und deuten Sie die Darstellung der Figur der Anezka in der jeweiligen Inszenierung. Schreiben Sie in Ihr Kursheft.

„Der Trafikant“, Volkstheater Wien, 2017 (Regie: Sebastian Schug): Elzemarieke de Vos (Anezka), Nils Rovira-Muñoz (Franz Huchel), Foto: Lupi Spuma

„Der Trafikant“, Schnürschuh Theater Bremen, 2019 (Regie: Mathias Hilbig): Florian Weigel (Franz Huchel), Sissi Zängerle (Anezka), Foto: Böttcher+Tiensch

b Was ist Ihre Sichtweise der Figur der Anezka? Notieren Sie auf der Grundlage Ihrer Romanlektüre, wie diese Figur Ihrer Meinung nach auf einer Theaterbühne dargestellt werden sollte. Nennen Sie Textbelege.

3 Anezka antwortet Franz auf seine eifersüchtigen Vorwürfe: „Ich geheer zu keinem. Nicht einmal zu mir selber!“ (S. 113) Beurteilen Sie ausgehend von diesem Zitat das Handeln der Figur Anezka. Gehen Sie dabei unter anderem auf ihr Verhalten in der „Grotte“ (S. 105–113, 202–208) ein. Schreiben Sie in Ihr Kursheft.

2.5 Thematische Aspekte

Der historische Kontext der Romanhandlung

Info **Einen Roman auf den historischen bzw. realen Kontext der Handlung beziehen**

Romane lassen sich **vor dem Hintergrund verschiedener Kontexte lesen,** z.B. kann man die Entwicklung und das Verhalten von Figuren aus psychologischer oder soziologischer Sicht erklären. Wenn ein Roman einen deutlichen Bezug zu realen historischen Ereignissen oder Figuren herstellt, ist anzunehmen, dass der **historische Kontext** eine wichtige Rolle für das angemessene Verständnis der Romanhandlung spielt.

1 Die zentrale Romanhandlung spielt zwischen dem Spätsommer 1937 und dem 7. Juni 1938.
Erschließen Sie mit Hilfe des folgenden Textes die historisch-politische Situation in Österreich zu dieser Zeit. Markieren Sie wichtige Daten sowie zentrale Aussagen zum Verhalten der österreichischen Bevölkerung und zu den Opfern der damaligen Politik.

Joachim Riedl: **Hitlers willige Vasallen** (2018)

Österreich gehörte wie Deutschland zu den großen Verlierern des Ersten Weltkriegs. Vom einst riesigen Vielvölkerstaat war nur ein kleiner und verarmter deutschsprachiger Teil übriggeblieben. Viele Österreicher sehnten sich in den Nachkriegsjahren nach alter Größe und beobachteten sehr genau, wie Deutschland unter Adolf Hitler wieder politisch und militärisch erstarkte. Hitler hatte denn auch leichtes Spiel, als er Mitte der 1930er-Jahre begann, den „Anschluss" Österreichs an Deutschland zu planen. Die konservative österreichische Regierung hatte der Stimmung in der Bevölkerung ohnehin wenig entgegenzusetzen. Anfang März 1938 verlangte Hitler vom österreichischen Bundeskanzler Schuschnigg schließlich ultimativ den „Anschluss" Österreichs. Der versuchte auf Zeit zu spielen, doch Hitler verlor schnell die Geduld. Am 11. März musste Schuschnigg zurücktreten; mehr als hunderttausend deutsche Soldaten überschritten in den folgenden Stunden ohne Gegenwehr die Grenze.

Zu mehr als flüchtigen Satzfetzen findet Samuel Hirsch selten Zeit: Auf einem Notizblock hält der 30-jährige Kaufmann aus der burgenländischen Kleinstadt Mattersburg die Chronik der ersten Tage nach dem „Anschluss" Österreichs an das nationalsozialistische Deutsche Reich fest. Seine Schrift ist krakelig, die Sprache halb jiddisch, halb deutsch: „Laufen herum die Burschen mit der Hakenkreuzbinden (...) um 6h Abend werden die Rufe imer grösser um 7h bricht das Unglück über die Juden herein." Es ist der 11. März 1938. Übers Radio hat der österreichische Bundeskanzler Kurt Schuschnigg erklärt, er weiche der Gewalt. Im Morgengrauen des nächsten Tages beginnen deutsche Soldaten, Bürokraten und Geheimpolizisten das kleine Nachbarland in Besitz zu nehmen.

Die jüdische Gemeinde von Mattersburg hatte bis dahin vergleichsweise unbehelligt in ihrem Viertel gelebt. Vereinzelt war es zu antisemitischen Pöbeleien gekommen, doch einige junge, muskulöse Männer konnten die Störenfriede stets wieder vertreiben. Nun sind sie machtlos. Um neun Uhr am Morgen des 12. März schlägt eine

Nach dem Einmarsch deutscher Truppen in Österreich: Hitlers Triumphzug nach Wien (Linz, 12.3.1938)

Horde Jugendlicher alle „Judenfenster" ein. Dann tauchen österreichische SA-Männer auf und plündern jüdische Geschäfte und Wohnungen. Am ersten Sabbat der neuen Zeitrechnung müssen jüdische Männer die Straßen kehren und die Autos der örtlichen Bonzen waschen. Später werden sie gezwungen, rund 100 Sturmleuten am Hauptplatz die Stiefel zu putzen. „Während den Putzen regnet es nur so von Schläge von Rückwärts und Trite von vorn", notiert Samuel Hirsch auf seinem Schreibblock.

Wie in Mattersburg wütet der braune Pöbel in den ersten Tagen des „Anschlusses" im ganzen Land – vor allem in der Hauptstadt Wien. Erst nach mehreren Wochen bringen die neuen Machthaber die Tumulte halbwegs unter Kontrolle. Danach leiten sie eine neue Phase im antisemitischen Staatsterror ein: In Österreich [...] setzen sie erstmals die systematische Ausplünderung und Vertreibung der jüdischen Bevölkerung in die Tat um. Es ist ein bürokratisch durchorganisierter Kraftakt, der bis dahin in Deutschland nicht möglich war. Dieses Modell sollte in den folgenden Jahren für den gesamten NS-Machtbereich beispielgebend sein.

„Viennese Go Wild" und „No Opposition Visible" meldet die *New York Times* nach dem Einmarsch der Wehrmacht. Noch ehe die ersten Sendboten aus dem Hitlerreich eintreffen, streifen sich die österreichischen Sicherheitsbeamten Hakenkreuzbinden über ihre Uniformen.
Große Teile der Behörden sind längst von den bis dahin illegalen Nazikadern unterwandert. Hunderte Juden werden willkürlich aufgegriffen und gezwungen, mit scharfer Lauge die Parolen des hinweggefegten austrofaschistischen Schuschnigg-Regimes vom Straßenpflaster zu schrubben oder Plakate mit den Fingernägeln von den Hausfassaden zu kratzen. [...]
Die Wiener müssen zu antisemitischen „Aktionen" nicht erst aufgehetzt werden. Der „unerbittliche Kampf gegen Alljuda in der Ostmark", wie die hetzerische Kampfschrift *Der Stürmer* in einer Sondernummer vom 2. Juli 1938 schreibt, beginnt in einer Stadt, in welcher der politische Antisemitismus schon Jahrzehnte zuvor salonfähig geworden ist. [...]
Jeder tut nun, was er kann – Werner Oeller etwa, der Auktionsleiter in der kommunalen Wiener Pfandleihe Dorotheum: Er bespuckt und ohrfeigt die nichtarische Kundschaft, die ihre Habseligkeiten versetzt, um Geld für die Flucht zusammenzukratzen, und antichambriert so lange bei der Hausdirektion, bis über seine jüdischen Arbeitskollegen Berufsverbot verhängt wird. [...]
In der Stunde des „Anschlusses" haben neue und alte Nazis vor allem die Verteilung der Beute im Sinn. [...]
Von den 70.000 Wohnungen, in denen im März 1938 Juden lebten, haben bei Jahresende 44.000 bereits neue Bewohner gefunden. Obdachlose Juden werden in Sammelwohnungen gezwängt, oft fünf oder sechs Familien in eine verrottete Unterkunft.
Die Behörden nehmen viele der selbstherrlich unternommenen Vertreibungen stillschweigend in Kauf. Da die „Arisierung" jüdischen Vermögens nach NS-Vorstellung jedoch ein gesetzlich bemäntelter Enteignungsvorgang sein soll, bemüht sich die NS-Führung schon bald um Disziplinierung: Im Namen der „Untadeligkeit und Reinheit der Bewegung" müsse man dazu übergehen, „den überschäumenden Radikalismus einzudämmen", notiert im April 1938 die Wiener Ausgabe des *Völkischen Beobachters*. „Denn – das merke jeder – Deutschland ist ein Rechtsstaat. Das heißt: In unserem Reiche geschieht nichts ohne gesetzliche Grundlage. Pogrome werden keine veranstaltet, auch nicht von der Frau Hinterhuber gegen die Sara Kohn ..." [...]
In Berlin überwiegt dennoch die Freude über die Nachrichten, die aus den Donau- und Alpengauen eintreffen. [...] In den fünf Jahren der NS-Herrschaft sind in Deutschland Eigentumsrechte nicht derart massiv angetastet worden. Göring ist begeistert. Die kleinlichen Bedenken seiner Finanz- und Wirtschaftsfachleute wischt er vom Tisch und ordnet an, das Wiener Regelwerk auf das gesamte Reichsgebiet auszudehnen. [...]
Im März 1938 lebten in Wien fast 200.000 Juden, am 15. September 1939 sind es noch 72.000. Von 1941 an werden noch einmal mehr als 48.000 Personen deportiert. [...] Als die Rote Armee im April 1945 Wien befreit, haben 136 Juden in der Stadt überlebt.

2 Untersuchen Sie auf der Grundlage Ihrer Ergebnisse aus Aufgabe 1, inwiefern die Romanhandlung auf die damalige historisch-politische Situation in Österreich Bezug nimmt.

a Übertragen Sie die folgende Tabelle in Ihr Kursheft und notieren Sie zu den im obigen Text genannten historischen Daten und Ereignissen passende Stellen des Romans.

historisch-politische Situation in Österreich	Bezugnahme auf diese Situation im Roman
– *bereits vor „Anschluss": Sympathie vieler Österreicher für Politik Hitlers (vgl. Z. 4–11)*	– *Menschen „ganz narrisch nach diesem Hitler" (S. 35)*
– *vereinzelt antisemitische Pöbeleien (vgl. Z. 34 f.)*	– *erster Anschlag auf die Trafik: ...*

b Zeichnen Sie mit Blick auf die verschiedenen Handlungsstränge des Romans (► S. 31) zusammenfassend nach, wie die Veränderungen des öffentlichen Lebens in das persönliche Umfeld der Hauptfigur Franz Huchel hineinwirken und wie dieser darauf reagiert. Schreiben Sie in Ihr Kursheft.

3 Die historische Wirklichkeit erscheint im Roman auch in Form von Radio- und Zeitungsmeldungen. Erschließen Sie anhand der Berichterstattung über den Tod des „Roten Egon" und der Reaktionen, die diese bei Otto Trsnjek hervorrufen (S. 145–148), wie sich die Zeitungsberichterstattung kurz vor dem Einmarsch der Deutschen in Österreich verändert.

4 Beurteilen Sie auf der Grundlage Ihrer Arbeitsergebnisse abschließend die Bedeutung des historischen Kontextes für die Romanhandlung. Gehen Sie dabei auch auf den Schluss des Romans (S. 247–250) ein, der nur wenige Wochen vor dem Kriegsende in Europa spielt, genauer: am 12. März 1945.

Die Romanhandlung vor dem Hintergrund von Freuds Lehre

Info **Sigmund Freud: „Die Traumdeutung“**

„Die Traumdeutung“, im Jahr 1900 erschienen, gilt als **Schlüsselwerk der Psychoanalyse.** Freud interpretiert in ihm Träume als Wunscherfüllungen. Die unterdrückten **Wünsche** und **Triebe** aus dem Unbewussten **drängen während des Schlafes ins Bewusstsein,** werden aber von einer zensierenden psychischen Kraft derart **entstellt,** dass die Träume meist rätselhaft, unverständlich, absurd erscheinen. Durch die **Deutung des Traumes** werden die verdrängten Wünsche und Erlebnisse jedoch bewusst gemacht, was es dem Träumenden ermöglicht, die mit ihnen verbundenen psychischen Konflikte zu bearbeiten.

1 In der Schrift „Abriss der Psychoanalyse“ (1938) hat Freud eine prägnante Zusammenfassung seiner Lehre gegeben.

a Erläutern Sie auf der Grundlage des folgenden Textauszugs in Ihrem Kursheft die Begriffe „latenter Traumgedanke“, „manifester Trauminhalt“ und „Traumarbeit“. Gehen Sie dabei auch auf die zwei Mechanismen der Traumarbeit ein, die „Verdichtung“ und die „Verschiebung“.

b Tauschen Sie sich im Kurs über Ihre Ergebnisse aus und korrigieren Sie gegebenenfalls Ihre Begriffserklärungen.

Sigmund Freud: **Abriss der Psychoanalyse** (1938)

Den Weg zum Verständnis („Deutung“) des Traumes beschreiten wir, indem wir annehmen, dass das, was wir als Traum nach dem Erwachen erinnern, nicht der wirkliche Traumvorgang ist, sondern nur eine Fassade, hinter welcher sich dieser verbirgt. Dies ist unsere Unterscheidung eines *manifesten* Trauminhaltes und der *latenten* Traumgedanken. Den Vorgang, der aus den Letzteren den Ersteren hervorgehen ließ, heißen wir *Traumarbeit.* Das Studium der Traumarbeit lehrt uns an einem ausgezeichneten Beispiel, wie unbewusstes Material aus dem Es, ursprüngliches und verdrängtes, sich dem Ich aufdrängt, vorbewusst wird und durch das Sträuben des Ichs jene Veränderungen erfährt, die wir als die *Traumentstellung* kennen. Es gibt keinen Charakter des Traumes, der nicht auf diese Weise seine Aufklärung fände. [...]

Die Gesetze des Ablaufes im Unbewussten, die auf solche Art zum Vorschein kommen, sind sonderbar genug und ausreichend, das meiste, was uns am Traum fremdartig ist, zu erklären. Da ist vor allem eine auffällige Tendenz zur *Verdichtung,* eine Neigung, neue Einheiten zu bilden aus Elementen, die wir im Nachdenken gewiss auseinandergehalten hätten. Demzufolge vertritt oft ein einziges Element des manifesten Traumes eine ganze Anzahl von latenten Traumgedanken, als wäre es eine allen gemeinsame Anspielung; überhaupt ist der Umfang des manifesten Traumes außerordentlich verkürzt im Vergleich zu dem reichen Stoff, aus dem er hervorgegangen ist. Eine andere, von der früheren nicht ganz unabhängige Eigentümlichkeit der Traumarbeit ist die Leichtigkeit der *Verschiebung* psychischer Intensitäten (Besetzungen) von einem Element auf ein anderes, so dass oft im manifesten Traum ein Element als das deutlichste und dementsprechend wichtigste erscheint, das in den Traumgedanken nebensächlich war, und umgekehrt wesentliche Elemente der Traumgedanken im manifesten Traum nur durch geringfügige Andeutungen vertreten werden. Außerdem genügen der Traumarbeit meist recht unscheinbare Gemeinsamkeiten, um ein Element für alle weiteren Operationen durch ein anderes zu ersetzen. Man begreift leicht, wie sehr durch diese Mechanismen der Verdichtung und Verschiebung die Deutung des Traumes und die Aufdeckung der Beziehung zwischen manifestem Traum und latenten Traumgedanken erschwert werden kann.

2 a „Leg dir Papier und Feder neben das Bett und schreib sofort nach dem Aufwachen alle Träume auf.“ (S. 78) – Erläutern Sie, warum die Figur Freud dem Protagonisten Franz Huchel diesen Rat gibt.

____

____

____

b Stellen Sie in Ihrem Kursheft Vermutungen an, welche latenten Traumgedanken hinter den manifesten Trauminhalten der drei Träume auf den Seiten 179 f. des Romans verborgen sein könnten.

c Tauschen Sie sich im Kurs über Ihre Vermutungen aus. Diskutieren Sie dann, welche Funktion diese Traumtexte innerhalb des Romans haben.

3 Sigmund Freud unterteilt den „psychischen Apparat“ eines Menschen in drei Instanzen: Es – Ich – Über-Ich.

a Informieren Sie sich über Freuds Instanzenmodell (▸ Information) und visualisieren Sie wesentliche Merkmale der drei psychischen Instanzen, indem Sie das nebenstehende Schaubild ergänzen.

b Erklären Sie sich gegenseitig in Partnerarbeit die drei psychischen Instanzen am Beispiel des inneren Konflikts „Eis essen statt Hausaufgaben machen“.

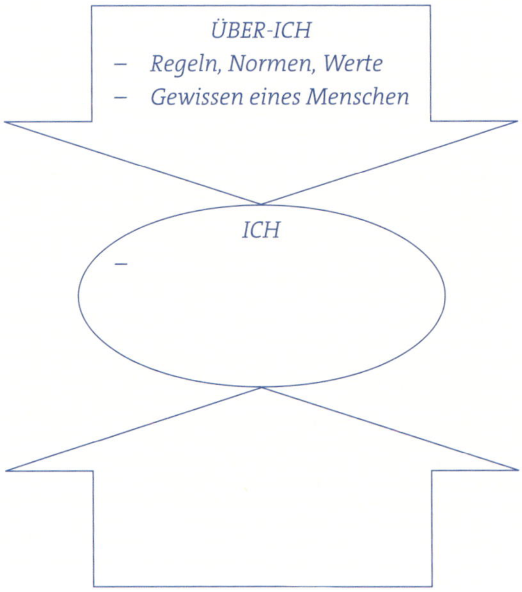

4 Ein Individuum bildet nach Freud ein Über-Ich aus, indem es sich mit seinen Eltern oder sonstigen Autoritätspersonen identifiziert und deren Regeln, Wertvorstellungen und Normen verinnerlicht. Wenden Sie diesen Gedanken auf die Figur des Franz Huchel an. Wägen Sie ab, welche Figuren des Romans an der Ausbildung seines Über-Ichs Anteil haben könnten. Belegen Sie Ihre Aussagen am Text.

Franz' Mutter tritt nicht so sehr als eine verbietende, Regeln und Normen vermittelnde Instanz auf, sondern vor allem als eine Instanz, die Schutz gewährt. Dies zeigt sich z. B. __________

____

Anders sieht die Sache bei Otto Trsnjek und __________ *aus:* __________

____

____

____

____

5 Gibt es innerhalb des Romans konkrete Situationen, in denen sich Franz' Es meldet? Nennen Sie mindestens ein Beispiel und belegen Sie es am Text.

____

____

6 Entwickelt Franz ein Ich, wie es in Freuds Modell vorgestellt wird? Diskutieren Sie diese Frage auf der Grundlage Ihrer Ergebnisse aus dem Abschnitt „Franz Huchel – Den Protagonisten charakterisieren“ (▸ S. 34 f.). Schreiben Sie in Ihr Kursheft.

Info **Die drei psychischen Instanzen nach Freud**

Sigmund Freud entwickelte ein Modell, das **drei Instanzen der menschlichen Psyche** beschreibt:

- Das **„Es“** bezieht sich auf das Unbewusste des Menschen, seine Triebe. Das „Es“ lässt den Menschen nach dem Lustprinzip entscheiden. Ziel ist die sofortige Triebbefriedigung.
- Das **„Über-Ich“** repräsentiert gesellschaftliche Regeln, Normen und Werte, die dem Menschen durch Erziehung vermittelt werden. Es stellt das Gewissen eines Menschen dar.
- Das **„Ich“** entspricht den Vorstellungen über die eigene Person (Selbstbild). Mit Hilfe vernunftgesteuerten Denkens versucht das Ich die Ansprüche von Es, Über-Ich und sozialem Umfeld in Einklang zu bringen.

2.6 Erzählweise, Sprachgestaltung und Textart untersuchen

Die Erzählweise

Info **Erzählverhalten, -form und Darbietungsformen**

Entscheidendes Gattungsmerkmal epischer Texte ist die Vermittlung der fiktiven Welt durch einen Erzähler. Dieser kann auf verschiedene **Strategien des Erzählens** zurückgreifen. Man unterscheidet:
- **auktoriales Erzählverhalten** (Erzähler/-in weiß alles, kann das Handeln von Figuren kommentieren).
- **personales Erzählverhalten** (Erzählerin/-in übernimmt die Sicht einer der handelnden Figuren).
- **neutrales Erzählverhalten** (Erzähler/-in tritt nicht in Erscheinung, Darstellung wirkt sachlich).

Als **Erzählform** kann die Er-/Sie-Erzählform oder Ich-Erzählform gewählt werden.
Man unterscheidet folgende **Darbietungsformen** des Erzählens:
- Erzähler/-in behält das Wort: Erzählbericht, Beschreibungen, Vorausdeutungen, Reflexionen und Kommentare.
- Figuren kommen zu Wort: direkte und indirekte Figurenrede, erlebte Rede (3. Ps. Präteritum), innerer Monolog.

1 a Markieren Sie in den folgenden Textauszügen Stellen, die über das Erzählverhalten und die Darbietungsformen (► Information) Aufschluss geben, und benennen Sie sie:
- Seite 7 („An einem Sonntag im Spätsommer [...]") bis Seite 10 („[...] und schürte das Feuer.")
- Seite 12 („Als er dann schließlich [...]") bis Seite 14 („[...] sank er auf den Grund.")
- Seite 50 („Doch gerade als er [...]") bis Seite 52 („[...] bierseliger Bundesheeroffiziere zu hängen.")
- Seite 69 („In der Berggasse 19 [...]") bis Seite 71 („,Ich rauche heute draußen!'")
- Seite 185 („Drei Wochen später [...]") bis Seite 187 („[...] mit unzähligen winkenden Gliedern.")
- Seite 237 („,Eines ist schon [...]") bis Seite 243 („[...] und auf Wiederschauen!'")

b Bestimmen Sie Erzählverhalten und Erzählform (► Information) in den Postkarten und Briefen, die Franz und seine Mutter miteinander austauschen (z. B. S. 46, 66 f., 114 f., 161–164, 168–172).

2 a Prüfen Sie auf der Grundlage Ihrer Ergebnisse die folgende Aussage zum Erzählverhalten im Roman „Der Trafikant". Ergänzen Sie die Tabelle in Ihrem Kursheft.

b Beurteilen Sie abschließend, welche Wirkung diese Erzählweise auf die Leserinnen und Leser hat.

Der Roman „Der Trafikant" ist letztlich multiperspektivisch verfasst. Auch wenn der Text auktorial beginnt, so wird doch in den meisten Passagen aus der personalen Perspektive von Franz Huchel erzählt, so dass die Lesenden relativ unmittelbar Anteil an seiner inneren Entwicklung nehmen können. Gebrochen wird Franz Huchels Perspektive jedoch nicht nur durch den auktorialen Erzähler, sondern vor allem auch durch eine äußerst flexible Handhabung des personalen Erzählverhaltens: So übernimmt der Erzähler nicht nur immer wieder auch die Sicht anderer handelnder Figuren, sondern das personale Erzählen verbindet sich in den eingeschalteten Postkarten und Briefen von Mutter und Sohn zudem mit der Ich-Erzählform, was eine unmittelbare Gegenüberstellung ihrer jeweiligen Sichtweisen erlaubt.

Aussage/Behauptung: Es wird multiperspektivisch erzählt, denn ...	Textbeleg	Deutung
es gibt vereinzelt auktorial erzählte Passagen;	– *„[...] das dem bislang eher ereignislos vor sich hin tröpfelnden Leben Franz Huchels eine ebenso jähe wie folgenschwere Wendung geben sollte." (S. 7)* – ...	– *auktorialer Erzähler kommentiert und deutet voraus → Spannungserzeugung*
es wird zumeist aus der personalen Perspektive Franz Huchels erzählt;	...	...
...	...	...

Bilder, Symbole, Motive

1 Robert Seethaler verwendet in seinem Roman eine Sprache, die reich an Bildern (▸ Information) ist.

a Notieren Sie die sprachlichen Bilder, die sich in dem Auszug auf S. 35 dieses Arbeitsheftes sowie dem Textauszug auf dieser Seite finden lassen. Erläutern Sie stichwortartig, welche Gegenstands- oder Vorstellungsbereiche in ihnen verknüpft werden.

b Weitere sprachliche Bilder finden Sie u. a. auf den Seiten 138, 171, 172, 194, 195 und 206 des Romans. Benennen Sie diese Bilder und beschreiben Sie jeweils ihre Wirkung. Schreiben Sie in Ihr Kursheft.

Robert Seethaler: **Der Trafikant** (2012)

„[...] Weil nämlich: am mittleren Fahnenmast, ganz oben an der Spitze und beschienen von den ersten Strahlen der Morgensonne, ist eine Hose gehangen. Und zwar eine braune Herrenhose mit Bundfalten, soweit man das von unten hat erkennen können. Die ist einfach so da oben gehangen, ein bisserl zerknittert, ein bisserl ausgebeult, ansonsten tadellos, also unauffällig. Aber bekanntlich steckt ja gerade im Unauffälligen oft auch das Unerhörte. Und deswegen ist dann unten am Boden gleich das Theater losgegangen. Jeder hat sich mit jedem gestritten, und alle haben alle angeschrien, und vor lauter Aufregung hat man ziemlich lang nicht daran gedacht, die Hose von da oben herunterzuholen. Als dann aber endlich doch einer auf die Idee gekommen ist, an der Leine zu ziehen, ist etwas wirklich Bemerkenswertes passiert. Genau in dem Moment ist nämlich ein Wind aufgekommen. Ein plötzlicher Windstoß, eine Bö, ein Blaserl, wie auch immer Sie das nennen wollen. Jedenfalls hat dieser plötzlich einsetzende Wind sich in der Hose verfangen und sie sozusagen aufgerichtet. Und jetzt kann man sich natürlich vorstellen, wie sich die geheimen Gesichter endgültig in die verschiedensten Ausdrucksvarianten blöden Erstaunens oder erstaunter Blödigkeit verformt haben. Weil: Das war keine normale Hose. Es war praktisch nur eine halbe. Ein einbeinige war das. Das andere Hosenbein war ungefähr auf Kniehöhe abgeschnürt. Der Wind ist also in die einbeinige Hose hineingefahren, genau in dem Moment, wo man sie herunterholen hat wollen. Und da hat sich vor aller Augen etwas tatsächlich Merkwürdiges abgespielt: Eine Weile ist die Hose also einfach so herumgeflattert, aber dann, ganz plötzlich, ist sie stillgestanden, ist praktisch waagrecht in der Luft gelegen. Und für einen kurzen Augenblick hat dieses braune, zerknitterte und schon ein bisserl ausgebeulte Hosenbein dort oben im Himmel ausgesehen wie ein Zeigefinger. Wie ein riesiger Zeigefinger, der den Leuten den Weg weist. Wohin der genau gezeigt haben soll, bleibt natürlich allerhöchstens Spekulation. [...]“ (S. 241 f.)

2 Im Text wird beschrieben, wie eine Hose sich in „ein Zeichen“ (S. 237) bzw. ein Symbol (▸ Information) verwandelt.

a Arbeiten Sie im Kursheft heraus, wodurch die Hose diese Symbolkraft gewinnt und was in ihr symbolisiert wird.
Tipp: Der im Text erwähnte Fahnenmast befindet sich vor dem Hauptquartier der Gestapo.

b Wer spricht in dem Textauszug? Diskutieren Sie im Kurs, warum das Geschehen nicht aus der Perspektive Franz Huchels erzählt wird, obwohl er es doch ist, der die Hose am Fahnenmast befestigt.

Info **Sprachliche Bilder: Metaphern, Vergleiche, Symbole**

- Bei einer **Metapher** wird ein Begriff ohne Vergleichswort aus einem Vorstellungsbereich in einen anderen übertragen. Man spricht vom Bildspender (z. B. *Feuer*) und vom Bildempfänger (z. B. *Leidenschaft*). Die verglichenen Gegenstände/Bereiche haben mindestens eine Eigenschaft gemeinsam, die den Vergleich ermöglicht (hier z. B.: *zerstörerische Kraft, Vereinnahmung*).
- Bei einem **Vergleich** werden zwei Gegenstände/Bereiche durch ein Vergleichswort (z. B. *wie, als ob*) miteinander verbunden, z. B.: *wie eine Mutter, als ob die Sonne schiene.*
- Ein **Symbol** ist ein Sinnbild, das auf etwas Allgemeines hinweist; meist ein konkreter Gegenstand, in dem ein allgemeiner Sinnzusammenhang sichtbar wird. Ein Symbol tritt in einem literarischen Text meist mehrfach auf und erhält seine Bedeutung erst im Textzusammenhang. So kann ein Ring ein Symbol für Liebe und Verbundenheit sein (z. B. *Freundschafts-, Verlobungs-, Ehering*), aber auch für Macht (z. B. *Siegelring*) stehen.

3 Im Roman „Der Trafikant“ haben bestimmte Leitmotive (▸ Information) eine zusammenhangstiftende Funktion.

a Ordnen Sie die folgenden Textauszüge dem Motiv „Geranien“ bzw. dem Motiv „See“ zu, indem Sie sie jeweils durch eine rote bzw. blaue Linie verbinden.

[...] prasselte der Regen gegen die Fensterscheiben, vor denen ein paar geköpfte Geranien in ihren Kübeln ersoffen. (S. 7)

Die Hütte war stehen geblieben, Jesus hing noch immer am Kreuz und durch das mit Wassertropfen besprenkelte Fenster leuchtete ein einzelnes Geranienblütenblatt wie ein zartroter Hoffnungsschimmer. (S. 8)

Hohe, graue Mauern, in der Mitte eine alte Kastanie, da und dort ein offenes Fenster, ein paar verdrückte Geranien, der Geruch nach feuchtem Kalk, gekochtem Kohl und Gemeinschaftsklos. (S. 216)

Auf der anderen Straßenseite ging ein Fenster auf, eine Hand mit einer Schere erschien und schnitt einer Geranie ihren Blütenkopf ab. (S. 246)

7. Juni 1938
Der See hat auch schon bessere Zeiten gesehen, die Geranien leuchten in der Nacht, aber es ist ja ein Feuer, und getanzt wird sowieso immer, das Licht ver (S. 250)

Franz legte die Karten der Mutter in die Schublade seines Nachtkästchens und sah zu, wie der Stapel Woche für Woche anwuchs, lauter kleine, glitzernde Atterseen. Manchmal, an stillen Abenden, kurz vor dem Einschlafen, konnte er es leise gluckern hören in der Lade. (S. 34 f.)

Franz schob den Vorhang zur Seite und ging hinein. Der Raum war winzig und komplett in dunkelgrünes Licht getaucht. Er musste an den See denken. An die Tauchgänge, die er als Bub so oft unternommen hatte. (S. 99)

12. April 1938
Ich stehe mit der Mutter am See, ein Dampfer kommt auf uns zu, ich habe Angst, aber die Mutter nimmt mich an der Hand: ES IST GUT, DU BIST JA MEIN KIND, doch der Dampfer fährt einfach weiter, der See schwankt, die Mutter ist weg, und der Dampfer kracht in das Herz hinein. (S. 179 f.)

Alles rundherum ist irgendwie im Aufbruch, kommt mir vor. Hoffentlich bricht nicht alles auseinander. Was bleibt, ist der See. Die Berge und die Wolken werden sich länger darin spiegeln als die paar dürren Hakenkreuzstangeln, das kannst du mir glauben! (S. 196 f.)

b Erschließen Sie die zwei Motive, indem Sie für jede der beiden Motivketten in Ihrem Kursheft eine separate Tabelle anlegen. Notieren Sie in dieser Tabelle Ihre ersten Assoziationen zum jeweiligen Textauszug, seinen Kontext und eine mögliche Deutung des Motivs.

Textauszüge zum Motiv „Geranien“	Erste Assoziationen	Kontext	Mögliche Deutung
Zitat S. 7	*Geranien brutal ermordet, Tod, Zerstörung*	*Gewitter am Attersee*	*Sinnbild für Untergangsstimmung, evtl. Vorausdeutung auf nationalsozialistischen Terror*
Zitat S. 8	...	...	...
...			

4 Fassen Sie Ihre Ergebnisse zusammen, indem Sie in Ihrem Kursheft die folgenden zwei Fragen beantworten:
– Lässt sich den beiden Leitmotiven jeweils eine bestimmte symbolische Bedeutung (▸ Information) zuschreiben?
– Welche Wirkung hat es auf die Leserin / den Leser, wenn ein Roman mit bestimmten Leitmotiven arbeitet?

Info Leitmotiv

Ein **Motiv** ist ein thematisches Element eines Textes, das wiederholt vorkommt oder einem aus anderen literarischen Werken bekannten Schema entspricht (z. B. Motiv der Nacht, der Mutterliebe). Ein **Leitmotiv** prägt ein Werk, wirkt gliedernd und stellt Zusammenhänge her. Das Leitmotiv kann symbolische Bedeutung haben.

Der Adoleszenzroman

1 Machen Sie sich mit Hilfe des Informationskastens mit der Textart des Adoleszenzromans vertraut.

Info **Der Adoleszenzroman**

Adoleszenzromane erzählen von der **Jugendphase (Adoleszenz)** eines oder mehrerer Protagonisten, die oft zwischen ca. zwölf und dreißig Jahren alt sind. Kennzeichnend für diese Übergangsphase zwischen Kindheit und Erwachsensein sind die **Suche nach einer eigenen Identität** und die **individuelle Reifung einer Figur,** an deren Anfang oft ein krisenhafter Moment steht. Charakteristische Themen dieses Romantyps sind deshalb:

- Loslösung von der Familie,
- Aufbauen eigener sozialer Kontakte,
- Erfahren erster Liebesbeziehungen und Erwachen der eigenen Sexualität,
- Konstruktion eigener Werte, oft in Auseinandersetzung mit der Gesellschaft,
- Annehmen einer eigenen sozialen Rolle.

Die Protagonisten selbst sind zumeist sehr individuell gestaltet. Nur selten findet deren Suche nach einer eigenen Identität einen positiven Abschluss. Der **Prozess der Identitätsfindung** wird sehr viel häufiger „als ein tragisch scheiternder – zumindest aber als ein unabschließbarer und offener – Vorgang gezeichnet“ (Heinrich Kaulen). Als erste bedeutende Ausprägung des Adoleszenzromans gilt Johann Wolfgang Goethes Briefroman „Die Leiden des jungen Werthers“ (1774). Weitere wichtige Beispiele sind Robert Musils „Die Verwirrung des Zöglings Törleß“ (1906), J. D. Salingers „Der Fänger im Roggen“ (1951) und Wolfgang Herrndorfs „Tschick“ (2010).

2 a Entwerfen Sie in Partnerarbeit die Handlung eines möglichen Adoleszensromans. Wählen Sie hierzu einen jugendlichen Protagonisten und konstruieren Sie um ihn herum eine Geschichte, die es Ihnen erlaubt, alle typischen Merkmale dieses Romantyps zu berücksichtigen. Notieren Sie Ihre Ideen im Kursheft.

b Stellen Sie Ihren Entwurf einer Romanhandlung im Kurs vor und diskutieren Sie ihn.

3 Untersuchen Sie, inwiefern auch der Roman „Der Trafikant“ ein Adoleszenzroman ist.

a Übertragen Sie die folgende Tabelle in Ihr Kursheft. Ergänzen Sie in der linken Tabellenspalte weitere Merkmale eines Adoleszenzromans (► Information). Notieren Sie dann zu den einzelnen Merkmalen mögliche Textbelege und erläutern sie diese.

Merkmale eines Adoleszenzromans	Textbeleg	Erläuterung
jugendlicher Protagonist	*„Die Mutter seufzte. ‚Du bist jetzt schon siebzehn Jahre alt‘, sagte sie. ‚Aber du hast immer noch ganz zarte Hände. Zart und weich und weiß, wie von einem Mädchen. So einer wie du kann nicht im Wald arbeiten. […]‘“ (S. 15)*	*Protagonist in jugendlichem Alter; zarte, weiche, weiße Hände ⟶ unberührt von Härten des Arbeitslebens, Held anfangs noch ganz geborgen in der mütterlichen Welt*
krisenhafter Moment am Anfang seines Reifungsprozesses	*Tod Alois Preinigers beendet Franz’ Leben im Müßiggang: „Doch damit war es jetzt vorbei.“ (S. 12)*	…
Loslösung von der Familie	…	…
Aufbauen eigener sozialer Kontakte	…	…
Erfahren erster Liebesbeziehungen und Erwachen der eigenen Sexualität	…	…
…	…	…

b Fassen Sie Ihre Arbeitsergebnisse zusammen. Erörtern Sie dabei auch die Frage, ob der Prozess der Identitätsfindung im Falle Franz Huchels als geglückt gelten kann. Schreiben Sie in Ihr Kursheft.

2.7 Autor und Werk

1 Robert Seethaler hat in Interviewäußerungen wiederholt den eigenen Schreibprozess und die Motive, die ihn zum Schreiben drängen, reflektiert. Erschließen Sie den folgenden Interviewauszug, indem Sie Seethalers zentrale Gedanken in eigenen Worten knapp zusammenfassen. Schreiben Sie in Ihr Kursheft.

„Jedes Leben reduziert sich auf das pure Dasein, das ist es, was mich interessiert, der Kern des Daseins, wenn es den gäbe. Fast alle Menschen werden einmal mit Krankheit und Tod konfrontiert, haben schreckliche Verluste zu beklagen. Ich wollte immer wissen, wie ein Individuum mit solch einer Herausforderung umgeht. Ich glaube daran, dass man durchgehen kann und muss – und unter Umständen sogar gestärkt aus solchen Ereignissen hervorgeht. Das ist nicht romantisierend, das ist die Vorstellung, die ich habe. Letztlich geht es immer nur um dasselbe – um Überleben, um Liebe und Tod."

„Ich habe gelernt, wie man es nicht machen soll. Nämlich sich ausschließlich an der Oberflächlichkeit des Lebens zu bewegen. Beim Schreiben kann ich verweilen, in die Tiefe gucken, in die Tiefe meiner selbst und meiner Figuren."

„Ich kann mittlerweile versöhnt auf vieles zurückblicken. Das konnte ich in der Vergangenheit nicht. Die Grundwut, die früher in mir gewühlt hat, die hat sich geglättet und ist ein bisschen ausgekühlt. Das ist so eine Wechselwirkung: Meine eigene Versöhntheit wirkt sich auf das Schreiben aus und das Schreiben der Geschichten hat wieder eine Wirkung auf mich – hoffentlich."

„Es gab so diffuse Träume, man könnte auch mal ein Buch schreiben. Aber ich hätte es mir selbst nicht zugetraut. Ich hatte nie diese Eloquenz, nie diese Selbstüberhöhung, der Welt viel mitteilen zu können. Dementsprechend schreibe ich meine Bücher. Ich muss die Sätze eher zusammenzimmern. Da fließt nichts raus. Das ist schwere Arbeit, da am Schreibtisch zu sitzen und sich alldem zu stellen, all diesen Träumen und Fantasien, die ja nicht nur das Schöne bedienen. Abgesehen davon, dass es für mich schon schwere Arbeit ist, einen geraden Satz zusammenzubekommen."

„Ein gerader Satz ist für mich immer ein einfacher Satz, der alles enthält, was er enthalten soll. Im Grunde genommen versuche ich nur, den Bildern, die in mir auftauchen, zu folgen und sie so genau wie möglich zu beschreiben und den ganzen Firlefanz drum herum wegzulassen, und das ist schwer."

(Robert Seethaler im Interview mit Holger Heimann, Stuttgarter Zeitung vom 13.05.2016)

2 Seethaler betont, beim Schreiben von Literatur gehe es für ihn um Extremsituationen wie „Krankheit", „Liebe und Tod" und um die Frage, „wie ein Individuum mit solch einer Herausforderung umgeht". Erläutern Sie, inwieweit sich diese Aussage auch auf den Roman „Der Trafikant" anwenden lässt.

3 Auch die Romanfigur Franz Huchel wird schließlich zum Autor, der seine „Traumzettel" (S. 178) von außen an die Schaufensterscheibe der Trafik klebt und so öffentlich macht.

a Untersuchen Sie den für die „Traumzettel" zentralen Textauszug:
Seite 172 („In dieser Nacht träumte Franz [...]") bis Seite 180 („[...] wie ein fallengelassenes Schmuckstück.").
Beantworten Sie dann in Ihrem Kursheft die folgenden Fragen:
Wie entstehen diese Traumtexte? Aus welcher Motivation heraus schreibt Franz Huchel sie und warum sind es gerade Träume, die ihn interessieren? Was ist seine Intention, wenn er diese Texte für Kunden der Trafik oder vorbeikommende Passanten öffentlich macht? Wie reagieren die Leserinnen und Leser der „Traumzettel"?

b Auch in Seethalers Reflexionen über den eigenen Schreibprozess geht es wiederholt um „Träume".
Stellen Sie Bezüge her zwischen den obigen Interviewaussagen des Autors und dem Schreibprojekt seiner Figur. Worin bestehen Parallelen? Worin Unterschiede?

2.8 Romane vergleichen: „Die Leiden des jungen Werther“ und „Der Trafikant“

Der Romananfang

Info **Johann Wolfgang Goethe: „Die Leiden des jungen Werther“**

„Die Leiden des jungen Werther“, Johann Wolfgang Goethes berühmter **Brief- und Adoleszenzroman,** wurde erstmals 1774 veröffentlicht und sogleich zu einem Bestseller. Der Roman besteht zu großen Teilen aus den Briefen der Hauptfigur Werther an seinen Freund Wilhelm, die von einem fiktiven Herausgeber gesammelt und teils kommentiert werden. Werther verliebt sich an seinem neuen Wohnort Wahlheim in die bereits verlobte Lotte, glaubt aber trotzdem immer wieder an eine mögliche Beziehung. Als die Situation zwischen ihm, Lotte und ihrem Verlobten Albert immer spannungsreicher wird, begeht Werther schließlich Selbstmord.
Seine gefühlsbetonte und überschwängliche Sprache, seine Betonung des freien, schöpferischen und naturnahen Menschen und sein Liebeskult machen den „Werther“ zu einem typischen Werk des **Sturm und Drang.**

1 Notieren Sie in Ihrem Kursheft, inwiefern das Vorwort des fiktiven Herausgebers und der erste Brief Werthers in Figuren und Handlung einführen und die Leserinnen und Leser auf das weitere Geschehen neugierig machen.

Johann Wolfgang Goethe: **Die Leiden des jungen Werther** (1774)

Was ich von der Geschichte des armen Werther nur habe auffinden können, habe ich mit Fleiß gesammelt und lege es euch hier vor, und weiß, dass ihr mir's danken werdet. Ihr könnt seinem Geist und seinem Charakter eure Bewunderung und Liebe, seinem Schicksale eure Tränen nicht versagen.
Und du gute Seele, die du eben den Drang fühlst wie er, schöpfe Trost aus seinem Leiden, und lass das Büchlein deinen Freund sein, wenn du aus Geschick oder eigener Schuld keinen näheren finden kannst.

Am 4. Mai 1771
Wie froh bin ich, dass ich weg bin! Bester Freund, was ist das Herz des Menschen! Dich zu verlassen, den ich so liebe, von dem ich unzertrennlich war, und froh zu sein! Ich weiß, du verzeihst mir's. Waren nicht meine übrigen Verbindungen recht ausgesucht vom Schicksal, um ein Herz wie das meine zu ängstigen? Die arme Leonore! Und doch war ich unschuldig. Konnt' ich dafür, dass, während die eigensinnigen Reize ihrer Schwester mir eine angenehme Unterhaltung verschafften, dass eine Leidenschaft in dem armen Herzen sich bildete? Und doch – bin ich ganz unschuldig? Hab ich nicht ihre Empfindungen genährt? Hab ich mich nicht an den ganz wahren Ausdrücken der Natur, die uns so oft zu lachen machten, so wenig lächerlich sie waren, selbst ergetzt? Hab ich nicht – o was ist der Mensch, dass er über sich klagen darf! [...]
Du bist so gut, meiner Mutter zu sagen, dass ich ihr Geschäft bestens betreiben und ihr ehstens Nachricht davon geben werde. Ich habe meine Tante gesprochen und bei weitem das böse Weib nicht gefunden, das man bei uns aus ihr macht. Sie ist eine muntere, heftige Frau von dem besten Herzen. Ich erklärte ihr meiner Mutter Beschwerden über den zurückgehaltenen Erbschaftsanteil; sie sagte mir ihre Gründe, Ursachen und die Bedingungen, unter welchen sie bereit wäre, alles herauszugeben, und mehr als wir verlangten – kurz, ich mag jetzt nichts davon schreiben, sage meiner Mutter, es werde alles gut gehen. [...]
Übrigens befinde ich mich hier gar wohl. Die Einsamkeit ist meinem Herzen köstlicher Balsam in dieser paradiesischen Gegend, und diese Jahreszeit der Jugend wärmt mit aller Fülle mein oft schauderndes Herz. Jeder Baum, jede Hecke ist ein Strauß von Blüten, und man möchte zum Maienkäfer werden, um in dem Meer von Wohlgerüchen herumschweben und alle seine Nahrung darin finden zu können.
Die Stadt selbst ist unangenehm, dagegen ringsumher eine unaussprechliche Schönheit der Natur. Das bewog den verstorbenen Grafen von M., einen Garten auf einem der Hügel anzulegen, die mit der schönsten Mannigfaltigkeit sich kreuzen und die lieblichsten Täler bilden. Der Garten ist einfach, und man fühlt gleich bei dem Eintritte, dass nicht ein wissenschaftlicher Gärtner, sondern ein fühlendes Herz den Plan gezeichnet, das seiner selbst hier genießen wollte. Schon manche Träne hab ich dem Abgeschiedenen in dem verfallenen Kabinettchen geweint, das sein Lieblingsplätzchen war und auch meines ist. Bald werde ich Herr vom Garten sein; der Gärtner ist mir zugetan, nur seit den paar Tagen, und er wird sich nicht übel dabei befinden.

2 Vergleichen Sie die Anfänge der Romane „Die Leiden des jungen Werther“ und „Der Trafikant“ (S. 7–16) hinsichtlich der Situation der Hauptfiguren: Aus welchen Motiven oder Zwängen heraus verlassen sie ihren bisherigen Wohnort? Was erfahren wir über ihre Beziehungen zu anderen Menschen? Berücksichtigen Sie auch die jeweilige Erzählweise.

Die Raumsymbolik

1 Untersuchen Sie Werthers Einstellung zum neuen Lebensort.

a Markieren Sie dazu in den Briefen vom 4. Mai (► S. 48) und 10. Mai Textstellen, in denen sich Werthers Verhältnis zur neuen Lebensumgebung ausdrückt.

b „Die Stadt selbst ist unangenehm, dagegen rings umher eine unaussprechliche Schönheit der Natur.“ (Z. 49 f.) – Werther nimmt seine neue Lebensumgebung vor allem als einen Naturraum wahr. Arbeiten Sie in Ihrem Kursheft heraus, was Natur für ihn bedeutet und wie er sich selbst im Kontakt mit der Natur erfährt. Gehen Sie dabei auch auf Auffälligkeiten in der sprachlichen Gestaltung (► Information, S. 35) der beiden Briefe ein.

c Formulieren Sie aufgrund der Naturwahrnehmung Werthers erste Vermutungen zu seinem Charakter.

Johann Wolfgang Goethe: **Die Leiden des jungen Werther** (1774)

Am 10. Mai

Eine wunderbare Heiterkeit hat meine ganze Seele eingenommen, gleich den süßen Frühlingsmorgen, die ich mit ganzem Herzen genieße. Ich bin allein und freue mich meines Lebens in dieser Gegend, die für solche Seelen geschaffen ist wie die meine. Ich bin so glücklich, mein Bester, so ganz in dem Gefühle von ruhigem Dasein versunken, dass meine Kunst darunter leidet. Ich könnte jetzt nicht zeichnen, nicht einen Strich, und bin nie ein größerer Maler gewesen als in diesen Augenblicken. Wenn das liebe Tal um mich dampft, und die hohe Sonne an der Oberfläche der undurchdringlichen Finsternis meines Waldes ruht, und nur einzelne Strahlen sich in das innere Heiligtum stehlen, ich dann im hohen Grase am fallenden Bache liege, und näher an der Erde tausend mannigfaltige Gräschen mir merkwürdig werden; wenn ich das Wimmeln der kleinen Welt zwischen Halmen, die unzähligen, unergründlichen Gestalten der Würmchen, der Mückchen näher an meinem Herzen fühle, und fühle die Gegenwart des Allmächtigen, der uns nach seinem Bilde schuf, das Wehen des Alllieben-den, der uns in ewiger Wonne schwebend trägt und erhält; mein Freund! wenn's dann um meine Augen dämmert, und die Welt um mich her und der Himmel ganz in meiner Seele ruhn wie die Gestalt einer Geliebten – dann sehne ich mich oft und denke: Ach könntest du das wieder ausdrücken, könntest du dem Papiere das einhauchen, was so voll, so warm in dir lebt, dass es würde der Spiegel deiner Seele, wie deine Seele ist der Spiegel des unendlichen Gottes! – Mein Freund – Aber ich gehe darüber zugrunde, ich erliege unter der Gewalt der Herrlichkeit dieser Erscheinungen.

2 Vergleichen Sie die Gestaltung des Handlungsortes in „Die Leiden des jungen Werther“ und „Der Trafikant“, indem Sie Werthers Wahrnehmung seiner neuen Lebensumgebung mit den Erfahrungen konfrontieren, die Franz bei seiner Ankunft in Wien macht (S. 19–22, ► Ort der Handlung, S. 33).
Ergänzen Sie in Ihrem Kursheft die folgende Tabelle.

Vergleichsaspekt	Goethe: „Leiden des jungen Werther“	Seethaler: „Der Trafikant“
Handlungsort	*Natur (Garten, Tal)*	*Stadt (Bahnhof, Wien)*
Erfahrung des Ortes durch den Protagonisten	...	...
Sprachliche und erzählerische Gestaltung dieser Erfahrung	...	...
Symbolische Bedeutung des Handlungsortes	...	...

3 „Während für Werther die Natur ein Raum lustvollen Selbstgenusses, ja lustvoller Selbstentgrenzung ist, nimmt Franz Huchel die Stadt aufgrund der Fülle der auf ihn einströmenden Reize zunächst eher als unangenehm und überwältigend wahr, als etwas, das sein bisheriges Ich herausfordert.“ –
Deuten Sie abschließend die Raumsymbolik im Hinblick auf die beiden Protagonisten, indem Sie zu der obigen These Stellung beziehen. Schreiben Sie in Ihr Kursheft.

Erwachende Liebesregungen und Adoleszenz

1 Wenige Wochen nach seiner Ankunft in dem Dörfchen Wahlheim lernt Werther eine junge Frau namens Lotte kennen, in die er sich verliebt.

a Untersuchen Sie anhand des folgenden Textauszugs, wie Werther Lotte bei ihrer ersten Begegnung wahrnimmt (Aussehen, Verhalten). Markieren Sie entsprechende Textstellen.

b Erläutern Sie im Kursheft die Wirkung der gemeinsamen Ball-Erlebnisse (Tänze, Gewitter) auf Werther. Belegen Sie Ihre Aussagen mit Zitaten.

c Notieren Sie, wie Werther sich nach der ersten Begegnung mit Lotte fühlt. Gehen Sie dabei vor allem auf die Einleitung des Briefes ein und berücksichtigen Sie auch seine sprachliche Gestaltung (► Information, S. 35).

Johann Wolfgang Goethe: **Die Leiden des jungen Werther** (1774)

Am 16. Junius

Warum ich dir nicht schreibe? – Fragst du das und bist doch auch der Gelehrten einer. Du solltest raten, dass ich mich wohl befinde, und zwar – kurz und gut, ich habe eine Bekanntschaft gemacht, die mein Herz näher angeht. Ich habe – ich weiß nicht.

Dir in der Ordnung zu erzählen, wie's zugegangen ist, dass ich eins der liebenswürdigsten Geschöpfe habe kennen lernen, wird schwer halten. Ich bin vergnügt und glücklich, und also kein guter Historienschreiber. [...]

Im Fortgang des Briefes schildert Werther, dass er von jungen Leuten zu einem ländlichen Tanzvergnügen eingeladen worden ist. Auf dem Weg dorthin – man fährt in einer Kutsche – soll noch die junge Charlotte S., Tochter eines Amtmannes, abgeholt werden.

Ich war ausgestiegen, und eine Magd, die ans Tor kam, bat uns, einen Augenblick zu verziehen, Mamsell Lottchen würde gleich kommen. Ich ging durch den Hof nach dem wohlgebauten Hause, und da ich die vorliegenden Treppen hinaufgestiegen war und in die Tür trat, fiel mir das reizendste Schauspiel in die Augen, das ich je gesehen habe. In dem Vorsaale wimmelten sechs Kinder von eilf zu zwei Jahren um ein Mädchen von schöner Gestalt, mittlerer Größe, die ein simples weißes Kleid, mit blassroten Schleifen an Arm und Brust, anhatte. Sie hielt ein schwarzes Brot und schnitt ihren Kleinen ringsherum jedem sein Stück nach Proportion ihres Alters und Appetits ab, gab's jedem mit solcher Freundlichkeit, und jedes rief so ungekünstelt sein „Danke!“, indem es mit den kleinen Händchen lange in die Höhe gereicht hatte, ehe es noch abgeschnitten war, und nun mit seinem Abendbrote vergnügt entweder wegsprang, oder nach seinem stillern Charakter gelassen davonging nach dem Hoftore zu, um die Fremden und die Kutsche zu sehen, darin ihre Lotte wegfahren sollte. – „Ich bitte um Vergebung“, sagte sie, „dass ich Sie hereinbemühe und die Frauenzimmer warten lasse. Über dem Anziehen und allerlei Bestellungen fürs Haus in meiner Abwesenheit habe ich vergessen, meinen Kindern ihr Vesperbrot zu geben, und sie wollen von niemandem Brot geschnitten haben als von mir.“ – Ich machte ihr ein unbedeutendes Kompliment, meine ganze Seele ruhte auf der Gestalt, dem Tone, dem Betragen, und ich hatte eben Zeit, mich von der Überraschung zu erholen, als sie in die Stube lief, ihre Handschuhe und den Fächer zu holen.

[...]

Auf der weiteren Fahrt in der Kutsche unterhält sich Werther mit Lotte angeregt über Romane.

Wie ich mich unter dem Gespräche in den schwarzen Augen weidete – wie die lebendigen Lippen und die frischen, muntern Wangen meine ganze Seele anzogen – wie ich, in den herrlichen Sinn ihrer Rede ganz versunken, oft gar die Worte nicht hörte, mit denen sie sich ausdrückte – davon hast du eine Vorstellung, weil du mich kennst. Kurz, ich stieg aus dem Wagen wie ein Träumender, als wir vor dem Lusthause stille hielten, und war so in Träumen rings in der dämmernden Welt verloren, dass ich auf die Musik kaum achtete, die uns von dem erleuchteten Saal herunter entgegenschallte.

[...]

Auf dem Ball tanzen Lotte und Werther mit verschiedenen Personen, ehe sie sich als Tanzpaar finden.

Nun ging's an, und wir ergetzten uns eine Weile an mannigfaltigen Schlingungen der Arme. Mit welchem Reize, mit welcher Flüchtigkeit bewegte sie sich! [...]

Nie ist mir's so leicht vom Flecke gegangen. Ich war kein Mensch mehr. Das liebenswürdigste Geschöpf in den Armen zu haben und mit ihr herumzufliegen wie Wetter, dass alles ringsumher verging [...].

Beim dritten englischen Tanz waren wir das zweite Paar. Wie wir die Reihe durchtanzten und ich, weiß Gott mit wie viel Wonne, an ihrem Arm und Auge hing, das voll vom wahrsten Ausdruck des offensten, reinsten Vergnügens war, kommen wir an eine Frau, die mir wegen ihrer liebenswürdigen Miene auf einem nicht mehr ganz jungen Gesichte merkwürdig gewesen war. Sie sieht Lotten lächelnd an, hebt einen drohenden Finger auf und nennt den Namen Albert zweimal im Vorbeifliegen mit viel Bedeutung.

„Wer ist Albert?“, sagte ich zu Lotten, „wenn's nicht Vermessenheit ist zu fragen.“ – Sie war im Begriff zu antworten, als wir uns scheiden mussten, um die große Achte zu machen, und mich dünkte einiges Nachdenken auf ihrer Stirn zu sehen, als wir so voreinander vorbeikreuzten. – „Was soll ich's Ihnen leugnen“, sagte sie, indem sie mir die Hand zur Promenade bot. „Albert ist ein braver Mensch, dem ich so gut als verlobt bin.“ – Nun war mir das nichts Neues (denn die Mädchen hatten mir's auf dem Wege gesagt) und war mir doch so ganz neu, weil ich es noch nicht im Verhältnis auf sie, die mir in so wenig Augenblicken so wert geworden war, gedacht hatte. Genug, ich verwirrte mich, vergaß mich und kam zwischen das unrechte Paar hinein, dass alles drunter und drüber ging und Lottens ganze Gegenwart und Zerren und Ziehen nötig war, um es schnell wieder in Ordnung zu bringen. [...]

Ein Gewitter unterbricht das Tanzvergnügen; einige verlassen den Ball, andere wie Werther und Lotte vertreiben sich die Zeit mit einem Pfänderspiel. Als das Gewitter abklingt, sondern sich beide vom Rest der Gesellschaft ab.

Tony Johannot: Werther und Lotte (1845)

Wir traten ans Fenster. Es donnerte abseitwärts, und der herrliche Regen säuselte auf das Land, und der erquickendste Wohlgeruch stieg in aller Fülle einer warmen Luft zu uns auf. Sie stand auf ihren Ellenbogen gestützt, ihr Blick durchdrang die Gegend; sie sah gen Himmel und auf mich, ich sah ihr Auge tränenvoll, sie legte ihre Hand auf die meinige und sagte: „Klopstock![1] “ – Ich erinnerte mich sogleich der herrlichen Ode, die ihr in Gedanken lag, und versank in dem Strome von Empfindungen, den sie in dieser Losung über mich ausgoss. Ich ertrug's nicht, neigte mich auf ihre Hand und küsste sie unter den wonnevollsten Tränen. Und sah nach ihrem Auge wieder – Edler!, hättest du deine Vergötterung in diesem Blicke gesehen, und möcht' ich nun deinen so oft entweihten Namen nie wieder nennen hören!

1 **Friedrich Gottlieb Klopstock:** (1724–1803): deutscher Dichter, damals beim jungen Publikum wegen seiner empfindsamen Natur- und Liebeslyrik beliebt. Die Ode, an die Lotte und Werther angesichts des Naturschauspiels denken, trägt den Titel „Die Frühlingsfeier“ (1759).

2 Wie für Adoleszenzromane (▸ Information, S. 46) typisch, nimmt die Erfahrung einer ersten Liebesbeziehung und das Erwachen der Sexualität auch im Roman „Der Trafikant“ einen wichtigen Stellenwert ein.

a Vergleichen Sie Werthers erste Begegnung mit Lotte mit Franz Huchels erstem Zusammentreffen mit Anezka (S. 50–58). Ergänzen Sie hierzu in Ihrem Kursheft die folgende Tabelle.

Vergleichsaspekt	Goethe: „Leiden des jungen Werther“	Seethaler: „Der Trafikant“
Ort der Begegnung	*zunächst im häuslichen Umfeld Lottes, dann auf einem Ball/Tanzvergnügen*	*Wiener Prater (Vergnügungspark)*
Aussehen und Verhalten der Frauen	...	...
Gemeinsame Erlebnisse	...	...
Wirkung auf den Protagonisten	...	...

b Fassen Sie Ihre Arbeitsergebnisse zusammen, indem Sie erläutern, welche erste Begegnung Sie als Leserin bzw. Leser emotional stärker anspricht. Berücksichtigen Sie dabei auch die in den Romanen jeweils gewählten sprachlichen und erzählerischen Gestaltungsmittel. Schreiben Sie in Ihr Kursheft.

3 „Die Leiden des jungen Werther“ – bereits der Titel von Goethes Roman deutet an, dass die hier erzählte Adoleszenzgeschichte (▸ Information, S. 46) vorrangig eine Leidensgeschichte ist.

a Informieren Sie sich über den Fortgang der Romanhandlung, z. B. im Internet.
Notieren Sie dann im Kursheft, in welche Konflikte Werther im weiteren Erzählverlauf gerät: auf der Beziehungsebene, beruflich, gesellschaftlich.

b Diskutieren Sie im Kurs abschließend beide Romane unter dem Gesichtspunkt ihrer Zugehörigkeit zur Textart „Adoleszenzroman“, indem Sie Werthers „Leiden“ mit denen des Franz Huchel vergleichen. Welche Gemeinsamkeiten gibt es? Worin bestehen Unterschiede?

2.9 Klausurtraining: Einen Erzähltext interpretieren

Aufgabenbeispiel

1. Interpretieren Sie den vorliegenden Brief Franz Huchels im Romankontext und unter besonderer Berücksichtigung von Franz' Situation und seiner Beziehung zu seiner Mutter. Gehen Sie dabei auch auf zentrale erzählerische und sprachliche Gestaltungsmittel des Briefes ein.
2. Vergleichen Sie Franz Huchels Brief mit den vorher von ihm verfassten Postkarten im Hinblick auf die Darstellung seiner Lebenssituation. Zeigen Sie dabei auf, inwiefern sich Franz Huchel selbst und sein Verhältnis zu seiner Mutter verändert hat.

Robert Seethaler: **Der Trafikant** (2012)

Liebe Mama,
das ist mein erster Brief an Dich. Und eigentlich nicht nur an Dich, es ist überhaupt meiner erster. Was ich Dir nämlich alles schreiben will, passt gar nicht auf eine einzige Karte. Wobei ich im Moment schon wieder gar nicht mehr weiß, was genau ich eigentlich habe erzählen wollen. Und das ist jetzt wiederum typisch. In letzter Zeit funktioniert mein Kopf nicht mehr so, wie er soll. Als ob ihn jemand zwischen seine großen Hände genommen und ordentlich durchgeschüttelt hätte, so fühlt sich das an. Deswegen also erst einmal der Reihe nach und in aller Kürze und von vorne: Bei uns in Wien ist es sehr schön. Nach dem langen Winter kommt der Frühling aus allen Löchern und Ritzen hervorgekrochen. Überall blüht irgendetwas. Die Parks sehen fast schon aus wie auf den Ansichtskarten, und aus jedem liegengebliebenen Pferdeapfel sprießt ein Maiglöckerl. Die Leute sind ganz verrückt, rennen herum wie kopflose Hendln und kennen sich nicht aus. Wenn Du mich fragst, liegt das nicht nur am Frühling, sondern vor allem an der Politik. Es sind komische Zeiten gerade. Oder vielleicht waren die Zeiten immer schon komisch, und ich habe es nur nicht bemerkt. Bis vor Kurzem war ich ja noch ein Kind. Und jetzt bin ich noch kein Mann. Darin liegt die ganze Misere. Und damit sind wir auch schon beim nächsten Thema angelangt: mit dem Mädelchen (ich habe Dir ja geschrieben!) ist es erst einmal oder endgültig doch nichts geworden. Frag nicht warum, es ist halt so. Vielleicht ist die Liebe nichts für mich. Vielleicht bin ich nichts für die Liebe. Ich weiß es nicht. Weißt Du es vielleicht? Weißt Du, ob ich zur Liebe tauge? Weißt Du, was die Liebe ist? Weißt Du überhaupt irgendetwas über die Liebe? Ehrlich gesagt, fühlt es sich ziemlich komisch an, die eigene Mutter solche Sachen zu fragen. Irgendwie genierlich. Aber auf die Entfernung geht es. Jedenfalls bin ich gespannt, was Du sagst. Übrigens und apropos Entfernung: Du musst mir unbedingt vom See schreiben. Die Karten sind zwar schön, aber Bilder sind eben nur Bilder und können schwindeln. Genau wie diese überschminkten Titelblattgesichter in der Trafik. Die schauen Dich an, dass Du glaubst, sie meinen Dich ganz persönlich, und in Wirklichkeit schauen sie nur in eine Kamera hinein und denken an ein saftiges Rindsgulasch und kriegen jede Menge Geld dafür. Na ja, Du siehst: Mit der Kopfdurchschüttelung habe ich nicht übertrieben. Wenn der Brief einen roten Faden gehabt hätte, dann wäre er spätestens jetzt verlorengegangen oder zumindest ausgefranst. Deswegen also lieber schnell zur nächsten Thematik. Der Professor und ich sind inzwischen Freunde. (Und das kannst Du mir ruhig glauben!) Obwohl wir beide ja fast ständig arbeiten, verbringen wir möglichst viel Zeit miteinander. Wir sitzen auf der Bank, gehen in den Park und reden allerhand. Er raucht. Ich nicht. Ich frage ihn dies und das. Und er fragt mich dieses und jenes. Zwar wissen wir beide oft keine Antworten, aber das ist egal. Unter Freunden darf man auch einmal nichts wissen. Der Altersunterschied macht uns übrigens nichts aus. Da können die Leute schauen und sich das Maul zerreißen, wie sie wollen – uns ist das egal. Obwohl der Professor andererseits natürlich wirklich sehr alt ist. Manchmal, wenn ich ihn mir so anschaue, glaube ich, dass er aus irgendwelchen längst vergangenen Zeiten zu uns herübergewachsen ist. So wie der alte Zwetschgenbaum, der sich hinter der Hütte so krumm und schief zum Ufer hinunterbeugt. Dass er ein Jud ist, stört mich überhaupt nicht. Wenn es mir der Otto Trsnjek nicht erzählt hätte, hätte ich es wahrscheinlich gar nicht bemerkt. Ich weiß sowieso gar nicht, warum die Leute alle derart draufhauen auf die Juden. Auf mich wirken sie eigentlich ganz anständig. Die Wahrheit aber ist: Ich mache mir schon ein bisschen Sorgen. Um den Professor und überhaupt. Wie gesagt: komische Zeiten. Und jetzt geht es auch schon zu einer weiteren, leider ziemlich unangenehmen Angelegenheit: Der Otto Trsnjek ist nämlich krank geworden. Nicht schlimm, aber immerhin. Die Leber vielleicht, oder die Nieren, oder irgendeine andere Innerei. Wenn Du mich fragst, ist es wegen dem ungesunden Essen. In Wien ist ja das Essen fast noch fetter als bei uns. Und mit nur einem Bein kann man auch keine großen Sprünge machen, sportlich gesehen, meine ich. Jedenfalls bleibt er erst einmal ein paar Tage zuhause, und es muss abgewartet werden. Ich werde ihm in Deinem Namen eine gute Besserung wünschen, wenn es recht ist?
Liebe Mama, oft bin ich traurig und weiß warum. Oft bin ich aber auch traurig und weiß nicht warum, und das ist fast noch schlimmer. Manchmal wünsche ich mich selbst an den See zurück. Natürlich weiß ich, dass das

nicht mehr so einfach geht. Ich habe schon zu viel gesehen und gerochen und geschmeckt. Ich weiß noch nicht wohin, aber es wird weitergehen. Und deswegen höre ich jetzt auf mit der Raunzerei. Ich trage nämlich wegen Otto Trsnjeks Abwesenheit ab sofort die vorübergehende Verantwortung eines geschäftsführenden Trafikanten und muss dementsprechend nach vorne schauen. Wenn Du möchtest, liebe Mama, sei stolz auf mich!
Dein Franz (S. 161–164)

Erster Schritt: Die Aufgabenstellung verstehen

1 Lesen Sie die Aufgabenstellung (▶ S. 52). Markieren Sie die zentralen Untersuchungsaspekte und die Operatoren.

Info **Aspektorientierte Aufgabenstellungen**

Bei einer aspektorientierten Aufgabenstellung wird die Interpretation auf bestimmte, vorgegebene Untersuchungsaspekte fokussiert. Man unterscheidet:
- **inhaltliche Aspekte** (z. B. Situation, Figuren und ihre Beziehungen, Handlungsaufbau, Themenentfaltung),
- **gestalterische Aspekte** (z. B. Erzählweise, erzählerische/sprachliche Gestaltungsmittel),
- **weiterführende Aspekte** (z. B. Blick auf das gesamte Werk oder die Epoche).

2 Was verlangt die Aufgabenstellung von Ihnen? Kreuzen Sie alle zutreffenden Aussagen an.

	Erster Aufgabenteil: Ich soll ...
☐	den Romaninhalt zusammenfassen.
☐	den Brief im Hinblick auf Franz' Situation und seine Beziehung zur Mutter untersuchen.
☐	zentrale erzählerische und sprachliche Mittel des Textes erfassen und ihre Wirkung inhaltsbezogen deuten.
☐	im Unterricht erworbenes Wissen zur Romantheorie zusammenfassen.
☐	einleitend Titel, Autor, Textsorte und Erscheinungsjahr nennen.
	Zweiter Aufgabenteil: Ich soll ...
☐	auf Grundlage des Briefes und der Postkarten eine Charakterisierung der Figur Franz Huchels verfassen.
☐	Postkarten und Brief im Hinblick auf die Darstellung von Franz' Lebenssituation vergleichen.
☐	Robert Seethalers Literaturverständnis in die eigenen Überlegungen einbeziehen.
☐	auf Basis des Vergleichs Franz' Entwicklung und die Veränderungen in seiner Beziehung zur Mutter erläutern.
☐	zu Franz' Beziehung zu seiner Mutter kritisch Stellung nehmen.

Zweiter Schritt: Erstes Textverständnis und Ideen formulieren

3 Lesen Sie den Textauszug aus Seethalers Roman aktiv: Markieren Sie mit unterschiedlichen Farben
- Stellen des Briefes, die im Hinblick auf Franz' Situation und seine Beziehung zur Mutter aufschlussreich sind,
- auffällige erzählerische und sprachliche Gestaltungsmittel.

4 Formulieren Sie im Kursheft ein erstes Textverständnis:
In welcher Situation befindet sich Franz Huchel? Wie nimmt er seine Umwelt wahr?
Wie kommuniziert er mit seiner Mutter und was sagt das über ihre Beziehung aus?

5 Notieren Sie im Kursheft erste Ideen für die Bearbeitung des zweiten Aufgabenteils (▶ Aufgabenstellung, S. 52).
Vergleicht man den Brief mit den vorher verfassten Postkarten, so fällt auf, dass ...
Auch die Beziehung zwischen Mutter und Sohn hat sich verändert, denn ...

Dritter Schritt: Den Text interpretieren

6 Ordnen Sie den Textauszug in den Kontext der Romanhandlung ein. In welcher Situation schreibt Franz Huchel diesen Brief? Was ist zuvor in seinem engeren und weiteren Lebensumfeld vorgefallen?

Der Brief ist eine Reaktion auf die jüngsten Erfahrungen von Franz: ____________________

____

____

7 Untersuchen Sie, welche Sicht der Wirklichkeit und seiner persönlichen Situation Franz Huchel der Mutter in seinem Brief präsentiert.

a Strukturieren Sie den Brief, indem Sie den Textauszug mit Hilfe von Markierungen in Sinnabschnitte gliedern.

b Ordnen Sie die in den einzelnen Sinnabschnitten getroffenen Aussagen, indem Sie die folgende Mindmap in Ihr Kursheft übertragen und ergänzen. Notieren Sie zu den einzelnen Stichpunkten jeweils konkrete Textbelege.

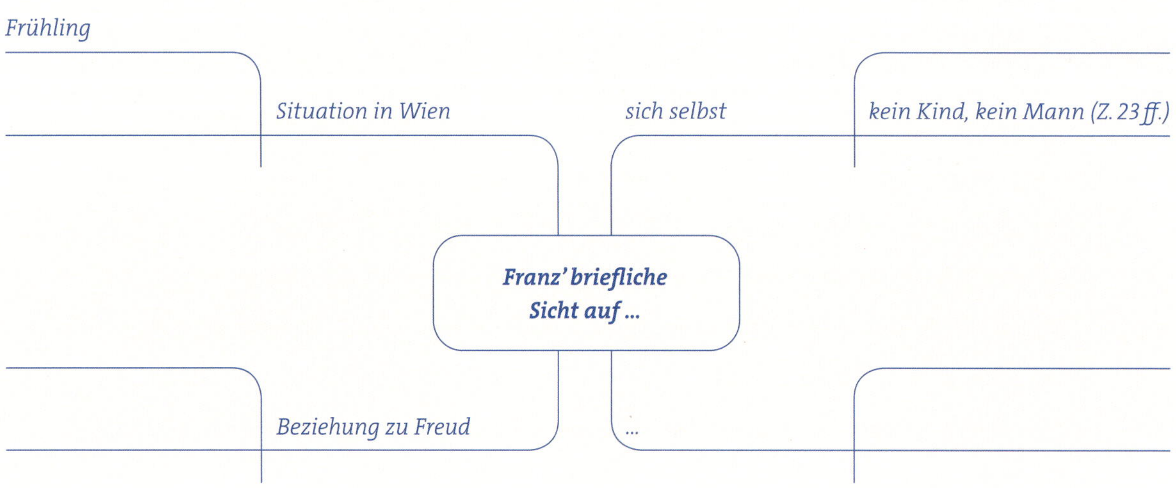

8 Interpretieren Sie den Brief im Hinblick auf Franz Huchels Beziehung zu seiner Mutter.

a Stellen Sie Vermutungen an, warum Franz seiner Mutter nicht die ganze Wahrheit erzählt.

____

____

b „Manchmal wünsche ich mich selbst an den See zurück. Natürlich weiß ich, dass das nicht mehr so einfach geht. Ich habe schon zu viel gesehen und gerochen und geschmeckt.“ (Z. 87–90) – Erläutern Sie, was Franz damit über sich selbst und sein Verhältnis zu seiner Mutter aussagt. Schreiben Sie in Ihr Kursheft.

c Franz thematisiert an verschiedenen Stellen des Briefes die Beziehung zu seiner Mutter auch ganz direkt (vgl. Z. 33 ff., 50, 95 f.). Beziehen Sie auch diese Textstellen in Ihre Überlegungen ein und formulieren Sie in Ihrem Kursheft einen kurzen Text, der den derzeitigen Stand der Beziehung zusammenfassend beschreibt.

9 Formulieren Sie auf der Grundlage ihrer bisherigen Vorarbeiten eine Deutungsthese zu Franz Huchels Brief. Berücksichtigen Sie dabei auch, welche Ziele er mit ihm verfolgt.

____

____

____

10 Untersuchen Sie nach den inhaltlichen auch die gestalterischen Aspekte des Textauszugs.

a Übernehmen Sie hierzu die folgende Tabelle in Ihr Kursheft. Tragen Sie dann Textstellen, die im Hinblick auf erzählerische und sprachliche Gestaltungsmittel (▶ Information, S. 35 u. 43) auffällig sind, mit Zeilenangaben in die mittlere Spalte ein.

b Erläutern Sie anschließend in der rechten Spalte die Funktion des jeweiligen Gestaltungsmittels mit Blick auf die Anforderungen in der Aufgabenstellung (Franz' Situation, seine Beziehung zu seiner Mutter).

Gestaltungsmittel	Textstelle	Erläuterung der Funktion bzw. Wirkung
erzählerische: – *Ich-Erzählform*	– *Z. 85 ff.: „[...] oft bin ich traurig und weiß warum. Oft bin ich aber auch traurig und weiß nicht warum [...].“*	– *unmittelbarer Zugang zu Franz' Gedanken- und Gefühlswelt: ...*
– ...	– ...	– ...
sprachliche: – *Satzbau: Parataxe, Ellipse*	– *Z. 2 f.: „[...] das ist mein erster Brief an Dich. Und eigentlich nicht nur an Dich, es ist überhaupt mein erster.“*	– *deutet Franz' Verwirrtheit an: Das Suchende, Tastende in seiner Gedankenbewegung wird ...*
– ...	– ...	– ...

11 Wie verhält sich Franz Huchels Brief zu den vorher von ihm verfassten Postkarten?

a Strukturieren Sie grundlegende Informationen zur Lösung des zweiten Aufgabenteils, indem Sie in einer Tabelle den Inhalt der Postkarten (S. 34, 46, 66, 82, 114) knapp zusammenfassen und deren jeweiligen Kontext stichwortartig erläutern. Schreiben Sie in Ihr Kursheft.

Postkartentexte	Inhalt	Kontext
S. 34	*nur allgemeine Floskeln: eigene Befindlichkeit, Sehenswürdigkeiten der Stadt (Collage der ersten Postkartentexte)*	*erste Wochen in Wien, vor Franz' Begegnung mit Freud und Anezka*
...	...	...

b Vergleichen Sie die Postkartentexte und den Brief hinsichtlich der Veränderungen in Franz' Lebenssituation und in seiner Beziehung zu seiner Mutter. Notieren Sie in Ihrem Kursheft wesentliche Entwicklungen.

Vierter Schritt: Den Schreibplan erstellen und den Text schreiben

12 Entwerfen Sie unter Berücksichtigung der Grundstruktur der Aufgabe (▶ S. 52) einen Schreibplan, indem Sie die folgenden Arbeitsschritte durch Nummerierung in eine sinnvolle Reihenfolge bringen.

☐	auffällige erzählerische und sprachliche Mittel des Textauszugs benennen und in ihrer Wirkung deuten
☐	eine Überleitung zur zweiten Teilaufgabe formulieren
☐	den Textauszug in den Handlungsverlauf einordnen und seinen Inhalt strukturiert wiedergeben
☐	eine abschließende Deutung auf der Basis der Analyseergebnisse zum zweiten Aufgabenteil formulieren
☐	den Textauszug mit Blick auf die in der Aufgabenstellung genannten Aspekte – Franz' Situation und seine Beziehung zu seiner Mutter – untersuchen
1	den Textauszug in einer aufgabenbezogenen Einleitung mit zentralen Angaben wie Autor, Titel, Textsorte, Erscheinungsjahr und Thema vorstellen
☐	eine abschließende Deutung auf der Basis der Analyseergebnisse zum ersten Aufgabenteil formulieren
☐	durch den Vergleich des Textauszugs mit den Postkarten herausarbeiten, wie sich Franz und seine Beziehung zu seiner Mutter verändert hat

13 Verfassen Sie nun den Aufsatz in Ihrem Kursheft. Beachten Sie die Hinweise in der Aufgabenstellung (▸ S. 52). Sie können die folgenden Formulierungsbausteine verwenden. Auch das Kohärenzrad und die Regeln zum richtigen Zitieren (▸ hintere innere Umschlagseite) können eine Hilfestellung geben.

Formulierungsbausteine **Einen literarischen Text interpretieren**

- **Erster Aufgabenteil (Interpretation):**
  In dem Textauszug aus Robert Seethalers Roman ... aus dem Jahr ... wird ... thematisiert.
  Bei dem Textauszug handelt es sich um den ersten Brief, den die Hauptfigur Franz Huchel an ... schreibt.
  Franz ist aufgrund eines Unglücks in seinem Heimatort ... Hier erlernt Franz nicht nur einen Beruf, sondern er macht auch Bekanntschaft mit ... Franz scheibt den Brief, als ...
  Der Textauszug lässt sich in ... Abschnitte gliedern: Im ersten Abschnitt (Z. ...) benennt Franz ...
  Im zweiten Anschnitt (Z. ...) geht er auf ... ein. Anschließend setzt er sich mit ... auseinander. ...
  Franz schildert in dem Brief also umfassend ...
  Geprägt ist seine persönliche Situation dabei vor allem von den politischen Ereignissen des Jahres 1938, denn ...
  Seiner Mutter erzählt Franz allerdings nicht alles wahrheitsgemäß. So verschweigt er ihr, dass ...
  Sehr offen berichtet Franz seiner Mutter hingegen von ... Hieran wird deutlich, dass seine Beziehung zu ihr ...
  An verschiedenen Stellen des Briefes thematisiert Franz sein Verhältnis zu seiner Mutter auch ganz direkt, etwa wenn er ...
  Der Textauszug weist folgende gestalterische Auffälligkeiten auf:
  Die Ich-Erzählform, wie sie für persönliche Briefe typisch ist, ermöglicht es, dass ...
  Der Brief enthält viele bildhafte Vergleiche, die einerseits ..., andererseits aber auch zeigen, dass ...
  Der einfache Satzbau und ... unterstreichen, dass ... Die Fragen an seine Mutter unterstützen den Eindruck ...
  Zusammenfassend lässt sich somit festhalten, dass ...
- **Überleitung:**
  In Seethalers Roman schreibt der Protagonist den vorliegenden Brief erst ..., zuvor kommuniziert er mit seiner Mutter über ... Dass Franz regelmäßig Postkarten schreibt, liegt daran, dass ...
- **Zweiter Aufgabenteil (Vergleich):**
  Die Postkarten thematisieren zunächst in einer sehr floskelhaften Sprache Franz' Befindlichkeit und ... (vgl. S. 34), dann ... und schließlich ... Der Inhalt der Postkarten entwickelt sich insofern, als ...
  Vergleicht man Franz' Brief mit den vorher verfassten Postkarten, so springt jedoch sofort ins Auge, dass ...
  Auch die Beziehung zwischen Mutter und Sohn hat sich verändert, denn ...
- **Fazit:**
  Die Postkarten und der Brief spiegeln die Entwicklung, die sich in Franz, aber auch in seiner Beziehung zu seiner Mutter vollzogen hat: ...

Fünfter Schritt: Den eigenen Text überarbeiten

14 Überarbeiten Sie Ihren Text mit Hilfe der folgenden Checkliste.

15 Notieren Sie abschließend in Ihrem Kursheft die Aspekte, auf die Sie beim nächsten Aufsatz achten wollen.

Checkliste **Einen Erzähltext interpretieren**

- Hat Ihr Aufsatz einen klaren **Aufbau**, der durch Absätze gegliedert ist?
- Haben Sie einleitend **Textsorte, Titel, Autor, Erscheinungsjahr** und **Thema** genannt?
- Haben Sie den Bezug zum **Kontext des Textauszugs** hergestellt?
- Werden **zentrale Inhalte des Textauszugs** wiedergegeben, in ihrem **Kontext** erläutert und mit zentralen **erzählerischen und sprachlichen Mitteln** in Beziehung gesetzt?
- Haben Sie eine **Überleitung** verfasst, die Bezüge zwischen der ersten und zweiten Teilaufgabe herstellt?
- Haben Sie in Ihrem **Vergleich der Textstellen** herausgearbeitet, wie sich Franz und seine Beziehung zu seiner Mutter verändert hat?
- Endet Ihr Aufsatz mit einem zusammenfassenden **Fazit?**
- Haben Sie **sachlich** formuliert und Ihre Beobachtungen durch **Verweise** und **Textzitate** belegt?
- Haben Sie abschließend Ihren Text auf **Rechtschreibung, Grammatik** und **Zeichensetzung** überprüft?

3 „unterwegs sein“ – Lyrik von der Romantik bis zur Gegenwart

3.1 Annäherung an ein Thema der Lyrik

Reise • Abschied • Ankunft • Heimat •
Ferne • Veränderung • Risiko • Migration • Ich-Findung •
Perspektivwechsel • Lebenslauf • Sehnsucht • Hoffnung •
Flucht • Berufsfindung • Sterben • Bildung • Karussell •
Aufwachsen • Karriere • Illusion • Angst • Traum • Exil •
Erfahrungen • Neugier • Spaziergang • Schifffahrt •
Unentschlossenheit • Hauptwege •
Nebenwege • Einbahnstraße •
Wegkreuzung

1 Markieren Sie im Wortspeicher die Wörter, die Sie persönlich mit dem Thema „Unterwegssein“ verbinden. Ergänzen Sie daneben weitere Begriffe, die Ihnen dazu einfallen.

2 Strukturieren Sie die markierten Wörter in einer Mindmap.

a Legen Sie in Ihrem Kursheft dazu Oberbegriffe fest und ordnen Sie diesen die markierten Wörter und Ihre ergänzten Begriffe zu.

b Vergleichen Sie Ihre Mindmap anschließend mit der einer Mitschülerin / eines Mitschülers.

3 Nachfolgend finden Sie Verse aus Gedichten und Liedern unterschiedlicher Epochen. Prüfen Sie, inwieweit die dort formulierten Gedanken zu Ihren Oberbegriffen aus Aufgabe 2 passen. Ordnen Sie zu oder finden Sie gegebenenfalls weitere Oberbegriffe.

A Denn ab heute bist du mehr als an nur einem Ort daheim. (Cro: Einmal um die Welt, 2011)

B Mein Ich ist fort. (Paul Boldt: In der Welt, 1913)

C Wem Gott will rechte Gunst erweisen,
Den schickt er in die weite Welt. (Joseph von Eichendorff: Der frohe Wandersmann, 1823)

D Wir ohne Heimat irren so verloren. (Max Hermann-Neiße: Heimatlos, 1936)

E Nur wer bereit zu Aufbruch ist und Reise,
Mag lähmender Gewöhnung sich entraffen. (Hermann Hesse: Stufen, 1941)

F Wer ein heimisch Glück gefunden,
Warum sucht er's dort im Blaun? (Johann Wolfgang von Goethe: Wanderlied, 1821/29)

G Ach, vergeblich das Fahren. (Gottfried Benn: Reisen, 1950)

Vom Unterwegssein – Facetten des Themas „Reisen" in der Literatur beleuchten

Joseph von Eichendorff: **Frische Fahrt** (1815) – Auszug

Und ich mag mich nicht bewahren!
Weit von euch treibt mich der Wind,
Auf dem Strome will ich fahren,
Von dem Glanze selig blind!
Tausend Stimmen lockend schlagen,
Hoch Aurora[1] flammend weht,
Fahre zu! Ich mag nicht fragen,
Wo die Fahrt zu Ende geht!

Kurt Tucholsky: **Luftveränderung** (1924) – Auszug

Fahre mit der Eisenbahn,
fahre, Junge, fahre!
Auf dem Deck vom Wasserkahn
wehen deine Haare.

Tauch in fremde Städte ein,
lauf in fremden Gassen;
höre fremde Menschen schrein,
trink aus fremden Tassen.

Flieh Betrieb und Telefon,
grab in alten Schmökern,
sieh am Seinekai[2], mein Sohn,
Weisheit still verhökern. [...]

Wie du auch die Welt durchflitzt
ohne Rast und Ruh –:
Hinten auf dem Puffer[3] sitzt
du. R

Sarah Kirsch: **Fluchtpunkt** (1982)

Heine[4] ging zu Fuß durchs Gebirge
Er vertrödelte sich in Häusern, auf Plätzen
Und brauchte zwei Wochen für eine Strecke
Die wir in einem Tag durchgefahrn wären
Unsere Reisen führen von einem Land
Gleich in das nächste von Einzelheiten
Könnten wir uns nicht aufhalten lassen
Uns zwingen die eigenen Maschinen
Ohne Verweilen weiterzurasen Expeditionen
Ins Innre der Menschen sind uns versagt
Die Schutthalden Irrgärten schönen Gefilde
Bleiben unerforscht und verborgen
Die Kellner brauchen unsere Zeitungen nicht
Ihre Nachrichten sind aus dem Fernsehn
Es gibt verschiedene Autos eine Art Menschen
Alles ist austauschbar wo wir auch sind. R

Norbert Göttler: **Brücken von Venedig** (2013)

Menschen auf Brücken, immerfort Menschen auf Brücken.
Als kämen sie nie an, als gingen sie stets aufs Neue drauf los.
Als liebten sie nicht die Eindeutigkeit
Des linken und des rechten Ufers.
Als bevorzugten sie die Unentschlossenheit,
das Sowohl-als-auch der Brücke.

1 **Aurora:** röm. Göttin der Morgenröte
2 **Seine:** Fluss in Paris
3 **Puffer:** Stoßdämpfer an Eisenbahnwaggons
4 **Heinrich Heine** (1797–1856): wanderte durch den Harz und veröffentlichte 1826 den Reisebericht „Die Harzreise".

1 Wählen Sie das Gedicht aus, das Sie am meisten anspricht. Begründen Sie.

2 Das Thema „Reisen" wird in den Gedichten an unterschiedliche Motive (▸ Information) geknüpft.
a Benennen Sie diese und notieren Sie, in welchen Gedichten sie vorkommen.
b Überlegen Sie jeweils, wofür dieses Motiv steht.

Motive: Wind, wehen (als Antrieb bei Eichendorff; als Schnelligkeit bei Tucholsky: „wehen deine Haare") ...

Info Literarisches Motiv

Als **literarisches Motiv** wird ein **thematisches Element** bezeichnet, das in einem Text **wiederholt auftritt** oder einem **Schema entspricht,** das bereits in anderen literarischen Werken vorkommt **(Intertextualität)**, z. B. Nacht, Abschied, Einsamkeit. Mit der Verwendung eines solchen Motivs werden Beziehungen zu motivgleichen Texten hergestellt, was sich auf den Aussagegehalt und das Verständnis des Textes auswirkt.

3 Arbeiten Sie mit Hilfe der Information heraus, welche Aspekte des Unterwegsseins und Reisens in den Gedichten deutlich werden.

Aspekt	Gedicht	Ausprägung
Reise als Selbstzweck	*Eichendorff: Frische Fahrt*	*begeistertes Reisen ohne Ziel*

Info **Unterwegssein und Reisen in der Literatur**

Im Mittelalter reisten vor allem Händler und Pilger. Mit dem Humanismus gewann die Bildungsreise an Bedeutung. Nicht mehr nur der wirtschaftliche oder religiöse Aspekt, sondern Neugier war nun Reiseantrieb. Reisen sollten den Horizont weiten. Diesem Verständnis des **Unterwegsseins als intellektuelle Bereicherung** lag seit dem 18. Jahrhundert die Hoffnung zugrunde, durch das Reisen eine **Verwandlung** zu erleben. Unterwegssein wurde als **Persönlichkeitsbildung** verstanden.

In der **epischen Literatur** entstanden seit dieser Zeit viele **Reiseberichte** (z. B. Johann Wolfgang von Goethe: Italienische Reise, 1813–1817; Heinrich Heine: Die Harzreise, 1826; Theodor Fontane: Wanderungen durch die Mark Brandenburg, 1862–1889), aber auch fiktive **Reiseromane,** die neben dem abenteuerlichen Aspekt oft gesellschaftskritische Ansichten transportierten (z. B. Jonathan Swift: Gullivers Reisen, 1726; Jules Verne: In 80 Tagen um die Welt, 1873). Im 20. Jahrhundert galt Unterwegssein als **Ausdruck eines modernen Lebensgefühls der Rastlosigkeit und Unruhe,** aber auch der **Freiheit und Unabhängigkeit** (Jack Kerouac: Unterwegs, 1957; Wolfgang Herrndorf: Tschick, 2010).

In der **Lyrik** stand vor allem die Wirkung der Reise auf den **lyrischen Sprecher** im Mittelpunkt. Schon früh wurde die Reise als **Symbol für die Wandlungen des Lebens** genutzt: Im Bild der Wanderung oder der Schifffahrt wurden Vorstellungen vom Lauf des Lebens gespiegelt. Während man bis zum 18. Jahrhundert zu Fuß, mit der Kutsche oder per Schiff reiste, taten sich ab dem ausgehenden 19. Jahrhundert neue Transportmöglichkeiten auf: Eisenbahn, Autos und später auch Flugzeuge erhöhten das **Reisetempo.** Gleichzeitig verlor Reisen seine Exklusivität, **Reisen in Massen** wurde nun auch zum Thema in der Lyrik (z. B. Ralf Thenior: Gran Canaria, 1977).

Nicht nur das Reisen, auch die **Haltung zum Reisen** veränderte sich über die Jahrhunderte: War Reisen als Pilger- oder Bildungsreise positiv konnotiert und die Wanderung in der romantischen Literatur (ca. 1795–1840) als Selbstzweck schon ein Wert, wurde das Reisen bereits im 18. Jahrhundert, vermehrt aber ab dem 20. Jahrhundert auch mit kritischer Distanz gesehen: Die Hoffnung, im Reisen die Identität zu bereichern, galt bereits Schiller und Goethe als trügerisch. Im 20. Jahrhundert thematisierten viele Gedichte eine geistlose Oberflächlichkeit des Reisens. Zugleich gewannen Bilder vom Unterwegssein an Bedeutung, die als **Metaphern für Selbstfindung, Wandel von Lebensphasen,** aber auch als **Bedrohung von Identität** und Verlust von Lebensmittelpunkten standen.

Im 21. Jahrhundert entsteht mit der digitalen Welt ein neues Verständnis vom Reisen: Die **Möglichkeit virtueller Reisen** im Netz wirft die Frage auf, wie viel Realität für ein Gefühl des Unterwegsseins benötigt wird.

3.2 Weltflucht und Heimkehr – Von der Romantik zum Realismus

Fernweh als Programm – Das Aufbruchsmotiv der Romantik erschließen

Joseph von Eichendorff: **Der frohe Wandersmann** (1823)

Wem Gott will rechte Gunst erweisen,
Den schickt er in die weite Welt,
Dem will er seine Wunder weisen
In Berg und Wald und Strom und Feld.

Die Trägen, die zu Hause liegen,
Erquicket nicht das Morgenrot,
Sie wissen nur vom Kinderwiegen,
Von Sorgen, Last und Not um Brot.

Die Bächlein von den Bergen springen,
Die Lerchen schwirren hoch vor Lust,
Was sollt' ich nicht mit ihnen singen
Aus voller Kehl' und frischer Brust?

Den lieben Gott lass ich nur walten;
Der Bächlein, Lerchen, Wald und Feld
Und Erd' und Himmel will erhalten,
Hat auch mein' Sach' aufs Best' bestellt.

Caspar David Friedrich: Auf dem Segler (Öl auf Leinwand, um 1818)

1 a Gedicht und Bild sind fast 200 Jahre alt. Benennen Sie das beschriebene bzw. gezeigte Lebensgefühl und beurteilen Sie, ob dieses heute noch aktuell ist.

b Tauschen Sie sich darüber aus, ob 1823 auch von einer „Wandersfrau“ die Rede sein könnte.

2 Arbeiten Sie anhand der Aspekte in der ersten Spalte gegenüberstellend heraus, was im Gedicht über die Reisenden und was über die Daheimgebliebenen gesagt wird.

Aspekt	Reisende	Daheimgebliebene
Bezeichnung:	*froher Wandersmann …*	
Zugeordnete Begriffe:	*weite Welt …*	

3 a Markieren Sie im Gedicht die sprachlichen Mittel, die eine Aufbruchsstimmung unterstreichen. Achten Sie insbesondere auf Klangfiguren (▸ Information).

b Beschreiben Sie wie im Beispiel der Alliteration die Wirkung dieser Mittel. Arbeiten Sie in Ihrem Kursheft.
Alliteration: Titel, V. 1–4; wirkt einprägsam, viele der Wörter werden positiv mit dem Reisen verbunden …

Info **Klangfiguren**

Lyrische Texte nutzen oftmals klangliche Mittel, um inhaltliche Aussagen zu verstärken:

- **Alliteration:** Wiederholung des Anfangslautes benachbarter Wörter oder auch Silben: *Geist in diesen Gliedern*
- **Assonanz:** Gleichklang von Vokalen: *Ottos Mops hopst fort* (Ernst Jandl: Ottos Mops)
- **Anapher:** Wiederholung eines oder mehrerer Wörter an Satz- oder Versanfängen

4 a Untersuchen Sie die formale Gestaltung des Gedichts, indem Sie Reim und Metrum (▸ Information) bestimmen.

Reim: ______________________ *Metrum:* ______________________

Tipp: Zur Bestimmung des Metrums wählen Sie einen Vers mit vielen zweisilbigen Wörtern (z. B. V. 3). Prüfen Sie, ob diese auf der ersten Silbe betont sind: *Wun*der. Testen Sie, ob der gewählte Vers insgesamt der metrischen Abfolge folgt, die diese Zweisilber vorgeben, und ob das bestimmte Metrum dieses Verses auch für die anderen Verse gilt.

b Deuten Sie mit Blick auf den Inhalt, warum das Gedicht ein einheitliches Metrum besitzt:

Die metrisch einheitliche Gestaltung spiegelt ______________________

____

Info **Reim und Metrum**

Der **Reim** bezeichnet den Gleichklang von Versenden. Man unterscheidet **Paarreim** (aabb), **Kreuzreim** (abab), **umarmenden Reim** (abba) und **Schweifreim** (aabccb). Darüber hinaus spricht man vom **Binnenreim,** wenn sich mehrere Wörter innerhalb eines Verses reimen *(Not um Brot).*
Als **Metrik** bezeichnet man die regelmäßige Abfolge von betonten (x́) und unbetonten (x) Silben:

Jambus (steigend): xx́ z. B. *Gedicht, Gebot*
Trochäus (fallend): x́x z. B. *Dichter, denken*
Anapäst (steigend): xxx́ z. B. *Anapäst, Tradition*
Daktylus (fallend): x́xx z. B. *Daktylus, Sonnenschein*

5 Erörtern Sie, inwiefern das Gedicht typisch ist für die Epoche der Romantik (▸ Information).
a Arbeiten Sie typische Motive der Romantik aus dem Gedicht heraus. Achten Sie besonders auf die Wortwahl.

– *Morgenrot* ______________________

____

____

b Erläutern Sie in Ihrem Kursheft, inwieweit Eichendorffs Vorstellung vom Reisen typisch romantisch ist.

6 Beschreiben Sie in Ihrem Kursheft das Gemälde von Caspar David Friedrich (1774–1840) in Bezug auf die romantische Darstellung des Reisens. Gehen Sie dabei auch auf Bildaufbau, Farbgebung und Figurendarstellung ein.

7 Fertigen Sie in Ihrem Kursheft eine vollständige Analyse und Interpretation an, indem Sie die These erörtern, dass der Reisende im Gedicht als ein von Gott begünstigter Mensch dargestellt wird. Führen Sie Textbelege an. Nutzen Sie Ihre Vorarbeiten aus den Aufgaben 2 bis 5.

Info **Lyrik des 19. Jahrhunderts: Romantik (ca. 1795 – ca. 1840)**

Die Zeit der **Romantik** wurde durch die **Revolutions- und die napoleonischen Kriege** bestimmt. Mit dem Zusammenbruch des napoleonischen Imperiums (1815) etablierte sich die alte Staatsordnung neu **(Restauration).** Für die fortschrittlichen Kräfte blieben ein deutscher Nationalstaat mit einer liberalen Verfassung sowie die Selbstverwirklichung des Individuums eine Utopie. Die romantischen Dichter antworteten auf diese Realität mit **Entgrenzungsversuchen** und suchten vielfach den **Weg nach innen.** Zwar fühlten sie sich der klassischen Vorstellung einer harmonischen Verbindung von Gefühl und Verstand verbunden, dieses Menschenbild erschien ihnen jedoch unvollständig. Aus ihrer Sicht fehlte das von der Norm Abweichende, **Fantastische,** jenseits vom Begreifbaren Liegende. Sie interessierten sich für das Mittelalter, sahen die Nacht als wesentliche Tageszeit an, träumten vom Reisen. Die **romantische Reisesehnsucht** verfolgte dabei kein klar umrissenes Ziel, vielmehr war der **Aufbruch ins Unbestimmte** der eigentliche Reiz, als Gegenbild zum Verharren in einer banalen Gegenwart. Unterwegssein war für die Romantiker ein **Lebensgefühl,** das sie suchten, um dem Alltag zu entfliehen **(Eskapismus).** Typische **Motive** (▸ Information, S. 58) romantischer Lyrik waren: Aufbruch und Einkehr, Nacht, Traum, Wanderschaft.

Lebensentscheidung als Weggabelung – Gedichte aus zwei Jahrhunderten vergleichen

Wilhelm Müller: **Der Wegweiser** (1823)

Was vermeid' ich denn die Wege,
Wo die andern Wandrer gehn,
Suche mir versteckte Stege
Durch beschneite Felsenhöhn?

Habe ja doch nichts begangen,
Dass ich Menschen sollte scheun –
Welch ein törichtes Verlangen
Treibt mich in die Wüstenein?

Weiser stehen auf den Straßen,
Weisen auf die Städte zu,
Und ich wandre sondermaßen,
Ohne Ruh', und suche Ruh'.

Einen Weiser seh' ich stehen
Unverrückt vor meinem Blick;
Eine Straße muss ich gehen,
Die noch keiner ging zurück.

Robert Frost: **The road not taken** (1916)
Übersetzung von Paul Celan: **Der unbegangene Weg** (1963)

In einem gelben Wald, da lief die Straße auseinander,
und ich, betrübt, dass ich, *ein* Wandrer bleibend, nicht
die beiden Wege gehen konnte, stand
und sah dem einen nach, so weit es ging:
bis dorthin, wo er sich im Unterholz verlor.

Und schlug den andern ein, nicht minder schön als jener,
und schritt damit auf dem vielleicht, der höher galt,
denn er war grasig und er wollt begangen sein,
obgleich, was dies betraf, die dort zu gehen pflegten,
sie beide, den und jenen, gleich begangen hatten.

Und beide lagen sie an jenem Morgen gleicherweise
voll Laubes, das kein Schritt noch schwarzgetreten hatte.
Oh, für ein andermal hob ich mir jenen ersten auf!
Doch wissend, wie's mit Wegen ist, wie Weg zu Weg führt,
erschien mir zweifelhaft, dass ich je wiederkommen würde.

Dies alles sage ich, mit einem Ach darin, dereinst
und irgendwo nach Jahr und Jahr und Jahr:
Im Wald, da war ein Weg, der Weg lief auseinander,
und ich – ich schlug den einen ein, den weniger begangnen,
und dieses war der ganze Unterschied.

1 a Benennen Sie die zentrale Textaussage in beiden Gedichten.
b Markieren Sie jeweils Textstellen, die diese Aussage belegen.

Textaussage „Der Wegweiser": ______________________________

Textaussage „Der unbegangene Weg": ______________________________

2 Untersuchen Sie in beiden Gedichten, wie die Wege gekennzeichnet sind, die das lyrische Ich geht bzw. nicht geht.

	Wege, die gegangen werden	Wege, die nicht gegangen werden
„Der Wegweiser"	*sind versteckt ...*	
„Der unbegangene Weg"		*verliert sich im Unterholz ...*

3 a Benennen Sie typische Merkmale romantischen Unterwegsseins im Gedicht „Der Wegweiser" (▸ Information, S. 61). Erläutern Sie in diesem Zusammenhang auch, inwiefern das Gedicht als volksliedhaft (▸ Information) bezeichnet werden kann. Arbeiten Sie in Ihrem Kursheft.
b Prüfen Sie, ob sich auch im Gedicht von Robert Frost typisch romantische Vorstellungen vom Reisen finden.

4 Beziehen Sie beide Gedichte auf den Lebensweg eines Menschen, indem Sie sprachliche Bilder wie *Wüstenei*, *Unterholz* etc. metaphorisch für typische Lebenssituationen deuten. Formulieren Sie Ihre Ergebnisse im Kursheft.

Info **Volksliedhafte Lyrik**

In der **Lyrik der Romantik** finden sich viele Gedichte, die sich am Volkslied orientieren: Es werden **allgemeinmenschliche Empfindungen und wiederkehrende Situationen** dargestellt (z. B. Abschied, Entscheidung, Liebesleid). Die Texte weisen eine **volkstümliche Schlichtheit** auf, oft handelt es sich um vierzeilige Strophen mit vier Hebungen und einem eingängigen Wechsel von männlichen und weiblichen Endungen.

Unterwegs und daheim – Gedichte des Realismus erschließen

Heinrich Heine: **Jetzt wohin?** (1830)

Jetzt wohin? Der dumme Fuß
Will mich gern nach Deutschland tragen;
Doch es schüttelt klug das Haupt
Mein Verstand und scheint zu sagen:

Zwar beendigt ist der Krieg,
Doch die Kriegsgerichte blieben,
Und es heißt, du habest einst
Viel Erschießliches geschrieben.

Das ist wahr, unangenehm
Wär mir das Erschossenwerden.
Bin kein Held, es fehlen mir
Die pathetischen Gebärden.

Gern würd ich nach England gehn,
Wären dort nicht Kohlendämpfe
Und Engländer – schon ihr Duft
Gibt Erbrechen mir und Krämpfe.

Manchmal kommt mir in den Sinn,
Nach Amerika zu segeln,
Nach dem großen Freiheitstall,
Der bewohnt von Gleichheitsflegeln –

Doch es ängstet mich ein Land,
Wo die Menschen Tabak käuen,
Wo sie ohne König kegeln,
Wo sie ohne Spucknapf speien.

Russland, dieses schöne Reich,
Würde mir vielleicht behagen,
Doch im Winter könnte ich
Dort die Knute nicht ertragen.

Traurig schau ich in die Höh,
Wo viel tausend Sterne nicken –
Aber meinen eignen Stern
Kann ich nirgends dort erblicken.

Hat im güldnen Labyrinth
Sich vielleicht verirrt am Himmel,
Wie ich selber mich verirrt
In dem irdischen Getümmel. –

Theodor Fontane: **Unterwegs und wieder daheim** (1898) – Vierte Strophe

Ich bin hinauf, hinab gezogen
Und suchte Glück und sucht' es weit,
Es hat mein Suchen mich betrogen,
Und was ich fand, war Einsamkeit.

Ich hörte, wie das Leben lärmte,
Ich sah sein tausendfarbig Licht,
Es war kein Licht, das mich erwärmte,
Und echtes Leben war es nicht.

Und endlich bin ich heimgegangen
Zu alter Stell' und alter Lieb',
Und von mir ab fiel das Verlangen,
Das einst mich in die Ferne trieb.

Die Welt, die fremde, lohnt mit Kränkung,
Was sich, umwerbend, ihr gesellt;
Das Haus, die Heimat, die Beschränkung,
Die sind das Glück und sind die Welt.

1 a Benennen Sie für „Jetzt wohin?" das Thema und die zentrale Aussage des Gedichts.

____

____

b Tragen Sie in Ihrem Kursheft zusammen, was den lyrischen Sprecher davon abhält, in die unterschiedlichen Länder zu reisen.

2 Vergleichen Sie in Ihrem Kursheft Heines Gedicht mit dem von Theodor Fontane.

a Notieren Sie stichpunktartig Gemeinsamkeiten und Unterschiede hinsichtlich der Textaussage.

b Ordnen Sie beide Gedichte einer „realistischen Strömung" (▶ Information) zu. Begründen Sie Ihre Entscheidung.

3 Formulieren Sie in Ihrem Kursheft einen Vergleich zwischen dem realistischen Verständnis vom Reisen und jenem, wie es in der Romantik, etwa in Eichendorffs „Der frohe Wandersmann" (S. 60), deutlich wird.

Info **Lyrik des 19. Jahrhunderts: Realistische Strömungen**

Im Laufe des 19. Jahrhunderts gewannen Formen der **realistischen Literatur** immer mehr an Bedeutung. In der Zeit des **Vormärz** (1830–1848; in der Literaturgeschichte spricht man auch vom **„Frührealismus"**) formulieren Gedichte häufig eine harsche politische Kritik an autoritären Herrschaftsverhältnissen. **Bilder des Reisens** waren mit **politischer Aktivität** verbunden: Man sah sich **unterwegs zu einer neuen Freiheit,** Lyrik verstand sich als **Waffe der Veränderung.** Mit dem Scheitern der Revolution von 1848 zog dann vermehrt ein melancholischer Ton in die Lyrik ein. Der **bürgerliche Realismus** (1848–1890) sah sich später weniger einer politischen Bewegung als einer **Abbildung des Wahren** verpflichtet.

Zwischen Romantik und Realismus – Ein Sonett analysieren

August von Platen: **[Es sehnt sich ewig dieser Geist]** (1826)

Sprachliche Mittel:

Es sehnt sich ewig dieser Geist ins Weite
Und möchte fürder[1], immer fürder streben:
Nie könnt ich lang an einer Scholle kleben,
Und hätt ein Eden[2] ich an jeder Seite.

Mein Geist, bewegt von innerlichem Streite,
Empfand so sehr in diesem kurzen Leben,
Wie leicht es ist, die Heimat aufzugeben,
Allein wie schwer zu finden eine zweite.

Doch wer aus voller Seele hasst das Schlechte,
Auch aus der Heimat wird es ihn verjagen,
Wenn dort verehrt es wird vom Volk der Knechte.

Weit klüger ist's, dem Vaterland entsagen,
Als unter einem kindischen Geschlechte
Das Joch des blinden Pöbelhasses zu tragen.

1 **fürder:** von jetzt an; künftig
2 **Eden:** Paradies im Alten Testament

1 Welche der folgenden Themenbeschreibungen trifft auf das Gedicht zu? Kreuzen Sie an und begründen Sie.

Das Sonett thematisiert ...
☐ die Sehnsucht beweglicher Geister nach neuen Erfahrungen.
☐ die prinzipielle Heimatlosigkeit eines unruhigen Geistes, der in jedem Land Hass zu fürchten hat.
☐ die Gründe des lyrischen Sprechers für das Verlassen seines Vaterlandes.

Begründung: ______________________________

____

2 a Markieren Sie am Text verschiedenfarbig, was über das lyrische Ich und was über die Heimat ausgesagt wird.
b Arbeiten Sie heraus, welche sprachlichen Mittel die inhaltlichen Aussagen unterstützen (z. B. Auf- oder Abwertungen). Notieren Sie Ihre Ergebnisse neben dem Gedicht.

3 a Untersuchen Sie die Quartette und Terzette hinsichtlich der darin enthaltenen Kontraste.
b Bestimmen Sie in Ihrem Kursheft die Funktion der Sonettform (► Information) in diesem Gedicht.

4 Das Gedicht ist nicht eindeutig in eine Epoche einzuordnen. Suchen Sie aus dem Text typisch romantische und typisch realistische Elemente heraus. Vervollständigen Sie dazu die Tabelle in Ihrem Kursheft.

Typische Elemente der Romantik	Typische Elemente des Realismus
Sehnsucht (V. 1) ...	*Gesellschaftskritik (V. 9) ...*

Info Sonett

Die Gedichtform **Sonett** zeichnet sich durch ihre **strenge Form** aus: 14 Verse sind in zwei vierzeilige Strophen **(Quartette)** und zwei dreizeilige **(Terzette)** eingeteilt. Oft stehen die Quartette und Terzette in einem **antithetischen Kontrast,** etwa wenn die Quartette einen problematischen Zustand aufzeigen, der in den Terzetten aufgelöst wird. Zuweilen zeigen sich auch Kontraste innerhalb der Quartette oder Terzette. Diese Gegenüberstellungen betreffen oft die Zeit (früher – heute), Orte oder gedankliche Oppositionen (Vergänglichkeit – Ewigkeit).

3.3 Eine Welt im Umbruch – Lyrik der Moderne und des Expressionismus

Unterwegssein als Symbol – Ein Dinggedicht deuten

1 Tauschen Sie sich darüber aus, welche Verbindung Sie vom Titel des folgenden Gedichts zum Thema „Unterwegssein“ herstellen.

Rainer Maria Rilke: **Das Karussell** (1907)
Jardin du Luxembourg

Mit einem Dach und seinem Schatten dreht
sich eine kleine Weile der Bestand
von bunten Pferden, alle aus dem Land,
das lange zögert, eh es untergeht.
Zwar manche sind an Wagen angespannt,
doch alle haben Mut in ihren Mienen;
ein böser roter Löwe geht mit ihnen
und dann und wann ein weißer Elefant.

Sogar ein Hirsch ist da, ganz wie im Wald,
nur dass er einen Sattel trägt und drüber
ein kleines blaues Mädchen aufgeschnallt.

Und auf dem Löwen reitet weiß ein Junge
und hält sich mit der kleinen heißen Hand,
dieweil der Löwe Zähne zeigt und Zunge.

Und dann und wann ein weißer Elefant.

Und auf den Pferden kommen sie vorüber,
auch Mädchen, helle, diesem Pferdesprunge
fast schon entwachsen; mitten in dem Schwunge
schauen sie auf, irgendwohin, herüber –

Und dann und wann ein weißer Elefant.

Und das geht hin und eilt sich, dass es endet,
und kreist und dreht sich nur und hat kein Ziel.
Ein Rot, ein Grün, ein Grau vorbeigesendet,
ein kleines kaum begonnenes Profil –.
Und manches Mal ein Lächeln, hergewendet,
ein seliges, das blendet und verschwendet
an dieses atemlose blinde Spiel …

2 Untersuchen Sie das Gedicht hinsichtlich Inhalt und Form.

a Markieren Sie dazu auf verschiedene Weise
- sich wiederholende Wörter und Wortgruppen,
- Wortfelder,
- auffällige sprachliche Mittel wie Enjambements, Alliterationen, Akkumulationen (► Information, S. 69).

b Erläutern Sie in Ihrem Kursheft den Zusammenhang zwischen Inhalt und Sprache.
Nutzen Sie den Wortspeicher.

spiegelt gleichmäßigen Rhythmus des Karussells • verdeutlicht Beschleunigung • erzeugt Ruhe • korrespondiert mit Atemlosigkeit • entspricht unaufhaltsamem Kreisen • ist Ausdruck von Wiederkehr

3 Erläutern Sie die symbolische Bedeutung des Karussells. Formulieren Sie dazu in Ihrem Kursheft eine These und eine textnahe Begründung.

4 Ordnen Sie das Gedicht in die Lyrik der Jahrhundertwende ein (► Information). Notieren Sie in Ihrem Kursheft typische Merkmale.

5 Diskutieren Sie: Passt das Gedicht „Karussell“ zu einer Lyrikauswahl über das „Unterwegssein“?

Info **Lyrik der Jahrhundertwende um 1900**

Zu Beginn des 20. Jahrhunderts grenzte sich gegen die anerkannte Literatur eine intellektuelle Bewegung ab, die **innovative Ausdrucksformen** suchte und sich als **„Moderne“** verstand. Hierbei gewann vor allem die Lyrik an Bedeutung, die sich durch ein vielfältiges **Nebeneinander von Stilrichtungen** auszeichnete. Allen gemeinsam war, dass sie eine **subjektive Sicht auf die Wirklichkeit** abbilden wollten. Den **Symbolisten** etwa ging es um Intuitionen, Träume oder das Unbewusste; sie wollten den Sinn realer Phänomene symbolhaft darstellen.
Rilkes **Dinggedichte** sind damit verwandt. Seit seiner Tätigkeit als Sekretär des Pariser Bildhauers Auguste Rodin (1840–1917) wurde ihm das Schauen und Zeigen in seinen Gedichten wichtig. Dazu präsentierte er Dinge, die als „Sinn-Bilder“ überzeitlich Gültiges deutlich machen sollten.

Wahrnehmung einer Zugfahrt – Ein expressionistisches Gedicht über Inhalt und Form erschließen

Gottfried Benn: **D-Zug** (1912)

Assoziationen zu Inhalt/Deutung, offene Fragen:

Braun wie Kognak. Braun wie Laub. Rotbraun. Malaiengelb[1].
D-Zug Berlin–Trelleborg und die Ostseebäder.

Fleisch, das nackt ging.
Bis in den Mund gebräunt vom Meer.
Reif gesenkt, zu griechischem Glück.
In Sichel-Sehnsucht: wie weit der Sommer ist!
Vorletzter Tag des neunten Monats schon!

Stoppel und letzte Mandel lechzt in uns.
Entfaltungen, das Blut, die Müdigkeiten,
die Georginennähe[2] macht uns wirr.

Männerbraun stürzt sich auf Frauenbraun:

Eine Frau ist etwas für eine Nacht.
Und wenn es schön war, noch für die nächste!
Oh! und dann wieder dies Bei-sich-selbst-Sein!
Diese Stummheiten! Dies Getriebenwerden!

Eine Frau ist etwas mit Geruch.
Unsägliches! Stirb hin! Resede[3].
Darin ist Süden, Hirt und Meer.
An jedem Abhang lehnt ein Glück.

Frauenhellbraun taumelt an Männerdunkelbraun:

Halte mich! Du, ich falle!
Ich bin im Nacken so müde.
Oh, dieser fiebernde süße
letzte Geruch aus den Gärten. R

1 **Malaiengelb:** Malaien = ethnische Gruppe in Südostasien
2 **Georginennähe:** Georgine = Pflanzengattung der Dahlien
3 **Resede:** Pflanzengattung mit angenehmem Geruch

1 Sammeln Sie Ihre ersten Eindrücke zum Gedicht.
- a Notieren Sie dazu neben dem Text Ihre Assoziationen zum Verständnis einzelner Passagen.
- b Markieren Sie Stellen, die Sie nicht verstehen.
- c Tauschen Sie sich mit einer Mitschülerin / einem Mitschüler über ihr Gedichtverständnis aus.

2 Erschließen Sie den Inhalt anhand folgender Aspekte. Notieren Sie jeweils Stichpunkte in Ihrem Kursheft. Führen Sie Textbelege an.
- Grundsituation: Welche Figuren kommen vor? Wo befinden sie sich? Gibt es einen lyrischen Sprecher oder mehrere? In welchem Verhältnis stehen die Figuren?
- Atmosphäre: Welche Stimmungen tauchen auf (idyllisch, sachlich, sexuell, verloren ...)?
- Bildlichkeit: Welche sprachlichen Bilder lassen auf konkrete Wahrnehmungen und Beobachtungen schließen?
- Wirklichkeitsdarstellung: Wie wird die Realität präsentiert (geordnet, montageartig gespalten ...)?

3 Führen Sie zu den folgenden Begriffen passende Textstellen an:

	Kitsch/ Klischee	Ich-Auflösung	Frivolität	Parodie	Frauen-verachtung	Glücks-sehnsucht
Textbeleg	*V. 5 f.,*					

4 Untersuchen Sie die sprachlichen Mittel im Gedicht (► Information, S. 60 und 69) und erläutern Sie deren Bedeutung für den Inhalt.

Neologismen: Malaiengelb (V. 1): vergleichende Sinneswahrnehmung, vermittelt Exotik;

5 Fassen Sie Ihre bisherigen Ergebnisse thesenartig zusammen. Nutzen Sie den Dreischritt: These – Beleg – Deutung des Belegs. Übernehmen Sie die Tabelle in Ihr Kursheft und ergänzen Sie weitere Thesen, die sich z. B. auf die Atmosphäre, die Bedeutung des Ortes D-Zug, das Menschenbild beziehen.

These	Beleg	Deutung
Das Gedicht zeigt atmosphärisch eine exotische Szenerie, in der ...	*Ohne konkrete Zuordnung zu einem Menschen oder einer Sache wird der Neologismus „Malaiengelb“ (V. 1) eingefügt.*	*Durch die Verbindung von Farbadjektiv und fernem Ort entsteht eine Exotik, die nicht so recht zu einem D-Zug zu passen scheint.*
Das Bild von Männern und Frauen ist geprägt durch ...		

6 Benennen Sie mit Hilfe des Epochenüberblicks typisch expressionistische Merkmale im Gedicht von Gottfried Benn.

Inhaltlich:

Formal:

Info **Lyrik des Expressionismus**

Die **Expressionisten** sind Teil einer jungen, zwischen 1875 und 1895 geborenen Generation, die ihre Zeit als verkrustet und unbeweglich empfand und die **Starrheit des Denkens als existenzielle Krise** erlebte. Im Zentrum ihrer Lyrik steht der oft **radikale Ausdruck (Expression) von Gefühlen und Wahrnehmungen,** Inhalte treten zurück. Schlichte Reisen waren nahezu nie Thema, hingegen prägte das Unterwegssein die Gedichte in drei Spielarten:

- **Gesellschaft/Welt im Wandel:** Die Expressionisten waren davon überzeugt, dass die starre Gesellschaft vor einer radikalen Veränderung stand, sei es als apokalyptische Katastrophe (Krieg) oder als Erneuerung nach einer Zerstörung. Dieser Wandel wird oft als dynamischer Prozess in lyrischen Bildern dargestellt.
- **Das Ich auf einer fiktiven Reise:** Auch die Unsicherheit bezüglich der eigenen Identität spiegelte sich in Reisebildern, in denen das Ich sich aufspaltet (Ich-Dissoziation) und bizarre neue Erfahrungen macht.
- **Reale Reisen in der neuen Zeit:** Die neuen Massenfortbewegungsmittel wie Straßenbahn und Eisenbahn wurden in einer verzerrten Wahrnehmung der Reisenden dargestellt (Wahrnehmungsverschiebung).

Formal gestalten die Expressionisten ihre Texte oft radikal neu, vor allem durch folgende Mittel:

- **Aufbrechen grammatischer Strukturen** als Zeichen für die Brüchigkeit der Welt
- **Reihungs- oder Telegrammstil:** unverbundene Aneinanderreihung von Wahrnehmungen, um die Simultaneität (Gleichzeitigkeit) von Sinneseindrücken zu spiegeln
- **Umkehrung der Subjekt-Objekt-Beziehung:** Personifizierung von Dingen sowie Enthumanisierung und Entindividualisierung des Menschen; sodass die Welt als Akteur erscheint und das Individuum passiv

Das Ich auf Reisen – Motive und Bildlichkeit in expressionistischen Gedichten erschließen

Paul Boldt: **In der Welt** (1913)

Ich lasse mein Gesicht auf Sterne fallen,
Die wie getroffen auseinanderhinken.
Die Wälder wandern mondwärts, schwarze Quallen,
Ins Blaumeer, daraus meine Blicke winken.

Sinneswahrnehmung des lyrischen Ichs:
–

Mein Ich ist fort. Es macht die Sternenreise.
Das ist nicht Ich, wovon die Kleider scheinen.
Die Tage sterben weg, die weißen Greise.
Ichlose Nerven sind voll Furcht und weinen.

Selbstwahrnehmung des lyrischen Ichs:
–

1 a Erschließen Sie den Inhalt des Gedichts, indem Sie für beide Strophen Notizen auf der rechten Seite ergänzen.
b Fassen Sie die Textaussage kurz zusammen. Nehmen Sie dabei auch Bezug auf den Titel des Gedichts.

2 Erläutern Sie in Ihrem Kursheft, wie das Ich im Gedicht dargestellt wird. Gehen Sie dabei auch auf das Bildfeld (▸ Information, S. 69) der „Sternenreise“ (V. 5) ein. Nutzen Sie Ihre Ergebnisse aus Aufgabe 1.

3 Untersuchen Sie die sprachliche Gestaltung des Gedichts (▸ Information, S. 69). Vervollständigen Sie dazu die Tabelle in Ihrem Kursheft.

Untersuchungsaspekt	Beschreibung	Funktion/Wirkung
Verben:	*Verben der Bewegung: hinken, wandern* *Zustandsverben:* *negativ konnotierte Verben:* *positiv konnotierte Verben:*	*spiegeln aktive Umwelt …*
Klangfiguren:	*Alliteration:* *Assonanz:*	
Farbsymbolik:	…	
Sprachliche Bilder:	*Metapher:* *Personifikation:* …	

4 Prüfen Sie, ob Sie einer der folgenden Deutungen zustimmen können.
Kreuzen Sie an und begründen Sie am Text oder formulieren Sie eine eigene begründete Deutung.

☐ Das Gedicht zeigt, dass wirkliche Identität in dieser Welt nur im Poetischen möglich ist.
☐ Das Gedicht beschreibt, wie ein Mensch sich selbst verliert, weil er den Kontakt zur Welt verliert.

Begründung:

Else Lasker-Schüler: **Weltflucht** (1902)

Ich will in das Grenzenlose
  Zu mir zurück,
Schon blüht die Herbstzeitlose[1]
  Meiner Seele,
Vielleicht – ist's schon zu spät zurück!
O, ich sterbe unter euch!
Da ihr mich erstickt mit euch.
Fäden möchte ich um mich ziehn –
Wirrwarr endend!
  Beirrend,
Euch verwirrend,
  Um zu entfliehn
    Meinwärts!

1 **Herbstzeitlose:** Blume, die erst im Herbst blüht

Deutungsansätze für sprachliche Bilder:

5 Üben Sie einen Lesevortrag ein, der das Gefühl der Weltflucht des lyrischen Ichs zum Ausdruck bringt.

6 Erschließen Sie den Inhalt des Gedichts, indem Sie die Aspekte der titelgebenden „Weltflucht" herausarbeiten.

---

7 Untersuchen Sie die Bildlichkeit bei Else Lasker-Schüler. Markieren Sie dazu sprachliche Bilder im Gedicht und notieren Sie am Rand Deutungsansätze.

8 Vergleichen Sie das Motiv „Ich auf Reisen" bei Boldt und Lasker-Schüler. Stellen Sie Ihre Ergebnisse in einer Tabelle in Ihrem Kursheft gegenüber.

Info **Sprachliche Mittel**

In Gedichten werden häufig **Bildfelder** entfaltet (z. B. Sternenreise bei Peter Boldt), die sich aus mehreren Sprachbildern (Vergleiche, Metaphern, Personifikationen) zusammensetzen:

- **Metapher:** Ein Begriff aus einem Vorstellungsbereich wird ohne Vergleichswort (z. B. *wie*) in einen anderen Bedeutungsbereich übertragen. Die beiden Bereiche haben mindestens eine Eigenschaft gemeinsam, die die Übertragung ermöglicht (Tertium Comparationis), z. B.: *Schifffahrt (Bildspender) → Übertragung: Leben (Bildempfänger). Tertium Comparationis: Bewegung auf ein Ziel zu, Unwägbarkeiten, Schicksalsschläge*
- **Personifikation:** Sonderform der Metapher, bei der Gegenstände oder Bereiche vermenschlicht werden, z. B.: *Die großen Städte knien nieder.*
- **Chiffre:** Sprachbild, bei dem es keinen Vergleichspunkt (kein Tertium Comparationis) gibt. Ihr Sinn ergibt sich meist nur aus dem Text- oder Werkzusammenhang, z. B.: *Das Wetter schwelt in seinen Augenbrauen.*
- **Neologismus:** Wortneuschöpfung, oft als Kompositum (Wortzusammensetzung), z. B.: *Giftlaternenschein*
- **Synekdoche:** Ein Teil wird als Bezeichnung für das Ganze genutzt, z. B.: *ein kluger Kopf.*
- **Verdinglichung:** Übertragung von Eigenschaften/Verhalten von Dingen auf den Menschen, z. B.: *Ein Mann zerbricht.*
- **Enjambement** (frz. Zeilensprung): Übergang eines Satzes oder Teilsatzes in eine neue Zeile, z. B.: *Wie jede Blüte welkt und jede Jugend*
Dem Alter weicht, blüht jede Lebensstufe (Hermann Hesse)
- **Ellipse:** unvollständiger Satz; Auslassung eines leicht ergänzbaren Satzteils/Wortes, z. B.: *Wer [ist] da?*
- **Akkumulation:** Reihung von Begriffen zu einem Oberbegriff, der jedoch nicht zwingend genannt werden muss, z. B.: *Nun schweben sie, rauschen sie, wirbeln die Winde!* (Friedrich Gottlieb Klopstock)

3.4 Brüchigkeit der Heimat – Lyrik des 20. und 21. Jahrhunderts

Heimat und Fremde – Exilliteratur zum Thema Migration vergleichen

Max Hermann-Neiße[1]: **Heimatlos** (1936)

Wir ohne Heimat irren so verloren
und sinnlos durch der Fremde Labyrinth.
Die Eingebornen plaudern vor den Toren
vertraut im abendlichen Sommerwind.
Er macht den Fenstervorhang flüchtig wehen
und lässt uns in die lang entbehrte Ruh
des sichren Friedens einer Stube sehen
und schließt sie vor uns grausam wieder zu.
Die herrenlosen Katzen in den Gassen,
die Bettler, nächtigend im nassen Gras,
sind nicht so ausgestoßen und verlassen
wie jeder, der ein Heimatglück besaß
und hat es ohne seine Schuld verloren
und irrt jetzt durch der Fremde Labyrinth.
Die Eingebornen träumen vor den Toren
und wissen nicht, dass wir ihr Schatten sind.

1 **Max Hermann-Neiße** (1886–1941): deutscher Schriftsteller; emigrierte nach dem Reichstagsbrand und lebte im Exil in London.

1 a Nennen Sie ein zentrales Bild des Textes, das für Sie den Titel „Heimatlos“ in besonderer Weise plastisch macht.

b Markieren Sie im Gedicht mit verschiedenen Farben, wie die „Eingebornen“ und wie die „Heimatlosen“ beschrieben werden.

c Ordnen Sie die sprachlichen Bilder in die entsprechende Spalte der Tabelle ein und beschreiben Sie jeweils die Funktion.

„Eingeborne“	„Heimatlose“
– *abendliche[r] Sommerwind (V. 4) = Leichtigkeit, Idylle*	– *herrenlose[] Katzen (V. 9) = Symbol für Ausgestoßensein*

Info **Lyrik in der Exilliteratur (1933–1945)**

Im weitesten Sinne versteht man unter **Exilliteratur** all jene Literatur von der Antike bis heute, deren Autorinnen und Autoren unfreiwillig ihr Heimatland verlassen mussten. Als literarische Epoche beschränkt man den Begriff auf die **Zeit des Nationalsozialismus.** Spätestens nach der Bücherverbrennung vom 10. Mai 1933 mussten viele Künstlerinnen und Künstler um ihr Leben fürchten und flüchteten. Dazu gehörten u. a. Bertolt Brecht, Thomas und Heinrich Mann, Hilde Domin, Kurt Tucholsky, Anna Seghers. Ihre Darstellung des Unterwegsseins ist stark vom **Heimatverlust** geprägt, weniger von der Hoffnung auf Neues.
Dieser Gruppe stehen die Dichter der **„inneren Emigration“** gegenüber, die nicht flüchtete, z. B. Gottfried Benn, Werner Bergengruen, Erich Kästner. Sie waren ebenfalls nicht mit dem Regime einverstanden und wichen in ihren Werken auf politikferne, harmlose Themen aus bzw. verschlüsselten ihre Botschaften.

Issam Al-Najm[1]: Die Grenze der Angst (2017)

Meine Heimat,
Zwischen dir und mir gibt es eine Grenze
Die Grenze der Angst.
Ich kann nicht zurück
Du hinderst mich daran.
Ich habe nicht gelogen
Ich bin nicht einfach geflohen
Es gab viele Gründe:
Wenn meine Gedanken versuchen weit zu fliegen,
Sperrst du sie in deinen Käfig.
Wenn meine Blicke anders werden,
Machst du das Licht aus,
Damit wir nicht mehr sehen
Aber warum?
Ich war immer stolz auf dich
Habe immer von dir gesprochen
Ich war wie ein Kind,
Das ein fröhliches Spiel mit dir suchte.
Jetzt ist alles weg,
Die schmerzhaften Erinnerungen
Die schönen Erinnerungen
Aber die Grenze bleibt
Ich habe Angst davor
Zurückzufahren
Ich werde sie nicht los
Meine Heimat,
Ich vermisse dich
Aber die Grenze der Angst
Treibt mich immer um.

1 **Issam Al Najm** (*1984): kam 2015 aus Syrien nach Deutschland und studiert Elektrotechnik.

2 Überlegen Sie, welche der folgenden Charakterisierungen am besten zum Gedicht passt:

☐ Anklageschrift
☐ Verteidigungsschrift
☐ Sehnsuchtslied

Begründung/Erläuterung: ______________________

____

____

____

____

____

3 Erläutern Sie, aus welchen Facetten die Grenze besteht und was sie bewirkt. Nutzen Sie den Wortspeicher.

freie Meinungsäußerung • Beschränkung • Perspektivlosigkeit • Verlust der Vergangenheit • Heimatverlust

4 Ermitteln Sie den Sprecher (► Information) des Gedichts und den Adressaten der direkten Anrede im Text. Erläutern Sie die Wirkung dieser „Kommunikationssituation". Arbeiten Sie in Ihrem Kursheft.

5 Vergleichen Sie „Die Grenze der Angst" mit Hermann-Neißes „Heimatlos" hinsichtlich der Aussagen über Heimat. Ergänzen Sie dazu die Tabelle in Ihrem Kursheft.

„Heimatlos"	„Die Grenze der Angst"
Orientierungspunkt (V. 1 f.)	*für lyrischen Sprecher verschlossen (V. 1 f.)*

Info **Der lyrische Sprecher und das lyrische Ich**

Die Sprecherin / Der Sprecher im Gedicht ist nicht mit dem Autor gleichzusetzen. Sie/Er kann in der 1., 2. oder 3. Person Singular oder Plural vorkommen. Werden **Gedanken, Gefühle und Beobachtungen in der Ich-Form** mitgeteilt, spricht man vom **lyrischen Ich.**

„Und jedem Anfang wohnt ein Zauber inne“ – Ein Gedicht im biografischen Kontext sehen

Hermann Hesse[1]: **Stufen** (1942)

Wie jede Blüte welkt und jede Jugend
Dem Alter weicht, blüht jede Lebensstufe,
Blüht jede Weisheit auch und jede Tugend
Zu ihrer Zeit und darf nicht ewig dauern.
Es muss das Herz bei jedem Lebensrufe
Bereit zum Abschied sein und Neubeginne,
Um sich in Tapferkeit und ohne Trauern
In andre, neue Bindungen zu geben.
Und jedem Anfang wohnt ein Zauber inne,
Der uns beschützt und der uns hilft zu leben.

Wir sollen heiter Raum um Raum durchschreiten,
An keinem wie an einer Heimat hängen,
Der Weltgeist will nicht fesseln uns und engen,
Er will uns Stuf um Stufe heben, weiten.
Kaum sind wir heimisch einem Lebenskreise
Und traulich eingewohnt, so droht Erschlaffen,
Nur wer bereit zu Aufbruch ist und Reise,
Mag lähmender Gewöhnung sich entraffen.

Es wird vielleicht auch noch die Todesstunde
Uns neuen Räumen jung entgegensenden,
Des Lebens Ruf an uns wird niemals enden ...
Wohlan denn, Herz, nimm Abschied und gesunde! R

1 **Hermann Hesse** (1877–1962): deutsch-schweizerischer Schriftsteller, der die Zeit des Nationalsozialismus in seiner Schweizer Heimat verbrachte

1 a Tauschen Sie Ihre ersten Eindrücke aus. Beachten Sie auch die Bedeutung des Titels.
b Formulieren Sie in eigenen Worten die zentrale Botschaft des Gedichts.

2 a Untersuchen Sie das Gedicht hinsichtlich der Aspekte Abschied, Aufbruch/Reise und Neubeginn. Ordnen Sie diesen Begriffen entsprechende Textstellen zu.

Abschied	Aufbruch/Reise	Neubeginn
– *welkende Blüte (V. 1)*		

b Erläutern Sie, was laut Gedicht jene erwartet, die nicht Abschied nehmen wollen.

3 a Informieren Sie sich über das Leben von Hermann Hesse.
b Prüfen Sie, welche biografischen Deutungsansätze Sie im Text finden. Kreuzen Sie an und begründen Sie.

- ☐ Reflexion der Exilerfahrungen während des Krieges
- ☐ Reflexion der Bedrohtheit durch Alter und Tod
- ☐ Reflexion des Heranwachsens von Jugendlichen und des Älterwerdens

Begründung:

c Formulieren Sie in Ihrem Kursheft, welche Bedeutung Sie dem Text in unserer Zeit oder für sich selbst zuschreiben.

Halt auf freier Strecke – Zwei themenverwandte Gedichte vergleichen

Bertolt Brecht: **Der Radwechsel** (1954)

Ich sitze am Straßenhang.
Der Fahrer wechselt das Rad.
Ich bin nicht gern, wo ich herkomme.
Ich bin nicht gern, wo ich hinfahre.
Warum sehe ich den Radwechsel
mit Ungeduld? R

Jan Wagner: **Hamburg–Berlin** (2001)

der zug hielt mitten auf der strecke. draußen hörte
man auf an der kurbel zu drehen: das land lag still
wie ein bild vorm dritten schlag des auktionators.

ein dorf mit dem rücken zum tag. in gruppen die bäume
mit dunklen kapuzen. rechteckige felder,
die karten eines riesigen solitairespiels.

in der ferne nahmen zwei windräder
eine probebohrung im himmel vor:
gott hielt den atem an.

1 Lesen Sie beide Gedichte laut.
Welches gefällt Ihnen spontan besser?
Begründen Sie mündlich.

2 a Untersuchen Sie beide Gedichte zunächst jedes für sich hinsichtlich Inhalt und Sprache.
Tragen Sie Stichpunkte in die Tabelle ein.

Vergleichsaspekte	Brecht: „Der Radwechsel"	Wagner: „Hamburg–Berlin"
Assoziation zum Titel:		
Grundsituation:	*Reifenpanne*	
Thema:		
Lyrischer Sprecher:		
Bedeutung des Unterwegsseins:		
Sicht des lyrischen Sprechers auf den Halt:		
Äußere Form:		
Sprache / Zentrale Bilder:		

b Formulieren Sie zu jedem Gedicht einen Satz als Fazit Ihrer Analyse.

Das Gedicht „Der Radwechsel" ______________________

____

____

Das Gedicht „Hamburg–Berlin" ______________________

____

____

3 Lesen Sie die ► Information und erläutern Sie, welche dort genannten Aspekte der jeweiligen Zeit Sie in den Gedichten von Brecht und Wagner wiederfinden.

4 Entschlüsseln Sie die beiden folgenden Metaphern (► Information, S. 69) und ergänzen Sie die Tabelle.

Metapher	Bildspender (Herkunftsbereich)	Bildempfänger (Übertragungsbereich)	Mögliche Vorstellung bei Leserin/Leser
Radwechsel (Brecht: Titel, V. 2, 5)	*Auto erhält ...*	*im Leben ...*	*grundlegende Veränderung von ...*
probebohrung im himmel (Wagner, V. 8)	*Gewinnung von ...*		

5 Schreiben Sie im Kursheft einen ausformulierten Textvergleich. Nutzen Sie parallelisierende und kontrastierende Formulierungen aus den Wortspeichern.

die Gedichte ... thematisieren beide ... • beide Texte zeigen den Halt somit als eine Lebenssituation, die Grundsätzliches spiegelt ... • bedienen sich einer einfachen, fast telegrammhaft verkürzten Sprache ...

... jedoch in signifikant anderer Weise • während im Gedicht von ... die Haltung des lyrischen Ichs zu ... hinterfragt wird, steht im Gedicht von ... ... im Vordergrund • ... konzentriert sein Gedicht auf ein zentrales Bild, während ...

Info **Lyrik von 1945 bis zur Jahrhundertwende**

Die **Lyrik der zweiten Hälfte des 20. Jahrhunderts** lässt sich kaum als einheitliche Epoche beschreiben, in allen Phasen herrschte eine **Vielfalt von Stilen und Richtungen.** In der unmittelbaren **Nachkriegszeit** der **BRD** waren zunächst nicht die aus dem Exil zurückkehrenden Autorinnen und Autoren gefragt, sondern Vertreter der „inneren Emigration" (► Information, S. 70), in deren Werken Kriegserfahrungen und erzwungene Auswanderung keinen Widerhall fanden. In der **DDR** dagegen spielten Exilanten wie Bertolt Brecht, Johannes R. Becher und Anna Seghers eine zentrale, auch politische Rolle. Schon bald jedoch wehrten sich viele Schriftsteller gegen die Doktrin des **sozialistischen Realismus** und die Forderung nach einer positiv dargestellten gesellschaftlichen Realität.
In Westdeutschland kam es erst in den 1950er Jahren zu einer deutlichen **Politisierung der Lyrik.** Mit kritischer Hinwendung zur Wirklichkeit widmeten sich die Lyriker etwa der geopolitischen Machtpolitik der USA oder der unzureichenden Auseinandersetzung der bundesrepublikanischen Gesellschaft mit der NS-Zeit. Die Lyrik spiegelte oft eine Statik gesellschaftlichen Denkens, der als Utopie ein Aufbruch entgegengesetzt wurde. In den 1970er und 1980er Jahren entstand als Gegenbewegung eine Lyrik der **„Neuen Subjektivität"**, die das Ich und sein Innenleben ins Zentrum stellte. Das Motiv der Reise wurde hier vor allem auf seine Wirkung auf das Ich hin befragt oder als Metapher für geistige Veränderungen genutzt.
Sprachlich war die Lyrik in der zweiten Hälfte des 20. Jahrhunderts oft von einer **Einfachheit der Sprache** gekennzeichnet. An die Stelle des Pathos früherer Texte traten nun einfache Bilder des Alltags, die als Metaphern dienten: *Der Herbst liegt im Briefumschlag / auf meinen Knien* (Jürg Halter: Das erste Wort).
Ab den 1980er Jahren entstanden sowohl in der DDR als auch in der BRD Werke, die sich mit dem Einfluss des Menschen auf die Natur, fortschreitender Umweltzerstörung und Angst vor atomarer Bedrohung beschäftigten. Stilistisch häuften sich in der Lyrik **postmoderne Einflüsse.** Kennzeichnend dafür sind der Wegfall von Grenzen und das Spiel mit literarischen Traditionen, Stilebenen und Genres. Darüber hinaus entwickelte sich mit dem **Poetry-Slam** eine Form der Literaturperformance, bei der selbst verfasste Texte live vorgetragen werden. Lyrische Texte stammen z. B. von Bas Böttcher (*1974) und Nora Gomringer (*1980).

Unterwegs in ein neues Deutschland – Lyrische Texte zur deutschen Wende untersuchen

Annerose Kirchner: **Zwischen den Ufern** (1989/90)

Reib den Winterschlaf aus den Augen
und folg dem Trampelpfad durchs Schilf.
Dir begegnen fröstelnde Nesthocker,
die nichts vom Jahreswechsel wissen wollen.

Dein Gewissen, mündig gesprochen,
schwört auf einfach Worte,
und die oftmals betrogene Zunge
probiert den Hymnus verlorner Freiheit.

Zwischen den Ufern verliert sich
der eigene Lebenslauf,
und niemand fragt,
wo dich das Zeitliche segnen wird.

Schwimm gegen die steigende Flut.
Nur einmal trägt dich das Wasser.

Hans Magnus Enzensberger: **Aufbruchsstimmung** (1991)

Hoch über den Vororten
tragen rosig bestrahlte Gase
ihren stillen Kampf aus.
Unter raschen Wolkenfetzen
bröselt, champagnergebadet,
Beton. Am Potsdamer Platz
Wermutsflaschen, die Penner
grübeln über „den Doppelsinn
von Sein und Seinsverständnis“.
Einwände halten sich hier
in Grenzen. Pilgerscharen
in der Fußgängerzone
auf der Suche nach Identität
und Südfrüchten. Zuzügler
lassen valiumfarbene Scheine
auf der Zunge zergehn.
Auch links in der Beletage[1]
finden Aufbrüche statt:
Gewissenhaft arbeiten Partner
an der Hinrichtung einer Ehe.
Haftschalen, tränenüberströmt,
im luxoriösen Smog. Blindgänger
fallen sich in die Arme.
Das Politbüro: ausgestorben.
Nur im Keller der Dichter
dichtet bei fünfzehn Watt
nach wie vor vor sich hin,
„um der Menschwerdung
aufzuhelfen“. Gerührt
schweift das nasse Aug
über die frischen Sichtblenden.

1 **Beletage** (frz. *bel étage:* schönes Geschoss): erster Stock, bevorzugte Etage in bürgerlichen Häusern

1 Beide Texte stammen aus der Gedichtsammlung „Gedichte zur deutschen Wende“.
- a Tauschen Sie sich darüber aus, inwieweit die Situation der politischen Wende 1989 zum Thema „Unterwegssein“ passt.
- b Notieren Sie Ihren ersten Eindruck zur Grundstimmung der Gedichte. Beachten Sie auch jeweils den Titel.

2 Erschließen Sie das Gedicht „Zwischen den Ufern“, indem Sie die markierten Stellen als Metaphern (▶ Information, S. 69) für Aspekte der Wendesituation deuten. Arbeiten Sie in Ihrem Kursheft.

3
- a Markieren Sie im Gedicht „Aufbruchsstimmung“ Stellen, die einen Bezug zur Wendesituation nahelegen.
- b Deuten Sie diese Textstellen in Ihrem Kursheft.

4 „Zwischen den Ufern“ ist das Gedicht einer ostdeutschen Autorin, Enzensberger ist einer der berühmtesten Autoren Westdeutschlands. Formulieren Sie in Ihrem Kursheft einen zusammenfassenden Vergleich beider Gedichte unter Berücksichtigung der Ost- und Westperspektive.

3.5 Selbstreflexion als Reise – Lyrik des 21. Jahrhunderts

Matthias Politycki: **Rote Berge, weiße Wüste, egal** (2013)

So zwischen Sack und Pack verkeilt auf
der Pritsche eines Pickups: ich!
Linksrechts von mir der Rest der Welt
als Wüstenflirr'n mit roten Bergen,
fatamorganahaft dazwischen, flimmernd, Straße,
wie in 'nem Simulator, allerdings
im rasend schnellen Rückwärtslauf,
egal.

Und dazu Fahrtwind heiß und hart
an mir vorbei, ich kriegte kaum
noch Luft. Hätte's gekracht, ich wäre
von Jetzt auf Gleich zahnbleckend grinsend
gen Himmel aufgefahr'n, ein Duft von
geschmolznem Asphalt, Gummi, Glimmer.
Ich spürte nichts mehr, ja, das war es, nichts
von alledem!

Nicht mal mich selbst.
Woher? Egal. Wohin? Egal!
Anstelle eines Horizonts
nicht mal ein blasser Schimmer.

Notizen zur Bildhaftigkeit und deren Wirkung:

1 a Lesen Sie das Gedicht laut und tauschen Sie Ihre ersten Eindrücke aus.
b Formulieren Sie das Thema und den Inhalt des Gedichts mit eigenen Worten.
c Benennen Sie den lyrische Sprecher(▶ Information, S. 71). Welche Art Reisende/r ist sie/er?

Thema: ______

Inhalt: ______

Lyrischer Sprecher: ______

2 Untersuchen Sie die formale und sprachliche Gestaltung des Gedichts.
a Markieren Sie Wörter und Wendungen, die die Art des Reisens und die Wahrnehmungen des lyrischen Ichs beschreiben.
b Erschließen Sie die Bildhaftigkeit dieser Wörter und ihre Wirkung. Notieren Sie Ihre Ergebnisse stichpunktartig neben dem Gedicht.
c Beschreiben Sie in Ihrem Kursheft den formalen Aufbau und die syntaktischen Strukturen des Gedichts. Gehen Sie dabei auch auf sprachliche Mittel ein (▶ Information, S. 69).

3 a Mit welchen Schlagwörtern würden Sie die Bedeutung des Reisens für das lyrische Ich beschreiben? Nutzen Sie den Wortspeicher. Arbeiten Sie in Ihrem Kursheft.

Orientierungslosigkeit als Lebensgefühl • Selbstfindung als Illusion • Belanglosigkeit des Lebens • Gefahr als Reiz • modernes Abenteuer • Beliebigkeit der Welt • mangelnde Lebensperspektive • Blick zurück • Unfähigkeit zu fühlen

b Halten Sie die im Gedicht gezeigte Art des Reisens für ein Bild des 21. Jahrhunderts? Diskutieren Sie.

4 Schreiben Sie in Ihrem Kursheft ein eigenes Reisegedicht. Dies kann von persönlichen Erfahrungen geprägt sein oder Ihre Vorstellungen vom Reisen/Unterwegssein beinhalten.

Die Liebe als Reise – Ein Gedicht und einen Songtext vergleichen

Durs Grünbein: **Unbekümmert, anderntags, Verse** (2008)

Ohr an Ohr durch die Nacht
Selig segelnd, ein Paar
Schräger Vögel: was haben
Wir vorm Schlaf schon gelacht.

Mit den Fingern, den Lippen
Überschritten aus Haar
Den verborgnen Äquator –
Breitengrade die Rippen.

Ich war, was *dieser* Muskel
Aus mir machte im Dunkeln.
Auf den Haut-Atlas Länder
Schrieb die Hand in Majuskeln[1].

Du, durch Zeitzonen gleitend,
Wachen Blicks, Navigator,
Nackt im Fensterglasfunkeln,
Tauschtest lächelnd die Seiten.

Hier der Wolkenzug, dort
Sommersprossig dein Rücken …
Tief im Erdgeschossgraben
Blieb das Zimmer zurück.

Uns, dank Thermik getragen,
Schien es gleich – fallen, steigen.
Konzentrierte Verschwender
Von Sekreten, so lagen

Wir verschlungen zum *Und.*
Eine Nacht lang, dann Schweigen
Der verbliebenen Körper
Mehr als je – moribund[2].

1 **Majuskeln:** Großbuchstaben
2 **moribund:** dem Tode geweiht

Cro: **Einmal um die Welt** (2011)

[Refrain:] Baby, bitte, mach dir nie mehr Sorgen um Geld,
Gib mir nur deine Hand, ich kauf dir morgen die Welt.
Egal, wohin du willst, wir fliegen um die Welt.
Hau'n sofort wieder ab, wenn es dir hier nicht gefällt.
Ost, West oder Nord,
Hab' den Jackpot an Bord,
Will von hier über London
Direkt nach New York,
Denn ab heute leb' ich jeden
Tag, als ob ich morgen tot wäre.
Laufe durch den Park und werf'
Mit Geld, als ob es Brot wäre.
Nur noch Kaviar, Champagner oder Champus,
Baby, ich erfüll' dir wirklich jeden Wunsch mit Handkuss:
Frühstück in Paris und danach joggen auf Hawaii,
Und um das Ganze noch zu toppen, gehen wir shoppen in L. A.
Also pack dir deine Zahnbürste ein,
Denn ab heute bist du mehr als an nur einem Ort daheim.
Mit meinem Babe in der Hand
Und 'nem Safe an der Wand
Können wir tun, was wir wollen,
Und das Leben ist noch lang,
Also komm.

Sie will Kreditkarten
Und meine Mietwagen.
Sie will Designerschuhe und davon
Ganz schön viel haben.
„MANOLO BLAHNIK, PRADA, GUCCI und LACOSTE"
Kein Problem, dann kauf' ich halt
Für deine Schuhe gleich ein ganzes Schloss.
Sie will in Geld baden
Und sie will Pelz tragen.
Sie will schnell fahren,
Einmal um die Welt fahren.
Sie kann sich kaufen, was sie wollte, doch nie hatte,
Denn ich hab' jetzt die American Express, und zwar die schwarze,
Also komm.

1 Lesen Sie das Gedicht von Durs Grünbein und lesen oder hören Sie den Song des Rappers Cro. Tauschen Sie Ihre ersten Eindrücke aus.

2 In beiden Texten wird eine (Liebes-)Beziehung mit Reisen verbunden. Untersuchen Sie diese Verbindung.

a Markieren Sie in beiden Texten Stellen, in denen Liebe und/oder Reisen thematisiert wird.

b Erläutern Sie, worin die Verbindung zwischen (Liebes-)Beziehung und Reisen jeweils besteht. Notieren Sie Ihre Ergebnisse in einer Tabelle in Ihrem Kursheft. So können Sie beginnen:

Grünbein: „Unbekümmert, anderntags, Verse"	Cro: „Einmal um die Welt"
gemeinsame Reise zweier Körper (V. 1) …	*Einladung der Liebsten zu einer Weltreise …*

c Passt die Umschreibung „Liebe als Reise" auf beide Texte gleichermaßen? Diskutieren Sie.

3 Untersuchen Sie jeweils das Verhältnis des lyrischen Ichs zu der im Text dargestellten Frau.

a Welche Wörter und Wortgruppen werden bezüglich der Frau verwendet?

Die Frau bei Grünbein: „wachen Blicks" (V. 14),

Die Frau bei Cro: „Baby" (V. 1),

b Ist die Paarbeziehung gleichberechtigt oder unausgewogen? Führen Sie Textbelege an.

c Bündeln Sie Ihre Ergebnisse und formulieren Sie eine These zum unterschiedlichen Mann-Frau-Verhältnis in beiden Gedichten.

Während in Grünbeins Gedicht das Verhältnis des lyrischen Ichs zu der Frau als …

4 Untersuchen Sie den Grundtenor der Gedichte. Beziehen Sie dabei die Stimmung des lyrischen Ichs ein.
Prüfen Sie, welche der Wörter aus dem Wortspeicher zu welchem Text passen.
Ergänzen Sie jeweils weitere Beschreibungen.

erfolgsberauscht • melancholisch • gelassen • zukunftsfreudig • zukunftsvergessen • erotisch • optimistisch • verträumt

Grundstimmung bei Grünbein:

Grundstimmung bei Cro:

5 Der Schriftsteller und Literaturkritiker Thomas Kraft (*1959) schreibt zur Reiseliteratur der Gegenwart:
„Es geht nicht um die Erkundung exotischer Regionen, sondern um Konfrontationen mit fremden und eigenen Grenzen. Daher spielen sich diese Reisen zu einem guten Teil auch im Kopf der Figuren ab." („13 Thesen zur Gegenwartsliteratur", 2008)
Prüfen Sie, inwieweit diese Aussage für die Texte von Grünbein und Cro gilt.

3.6 Klausurtraining: Ein Gedicht interpretieren und mit einem anderen Gedicht vergleichen

Aufgabenbeispiel

1. Interpretieren Sie das Gedicht „In der Fremde" von Clemens Brentano hinsichtlich der Darstellung des Unterwegsseins. Berücksichtigen Sie dabei die Epochenzugehörigkeit.
2. Vergleichen Sie das Gedicht „Mit leichtem Gepäck" von Hilde Domin mit Brentanos Gedicht im Hinblick auf Gemeinsamkeiten und Unterschiede in der Darstellung des Unterwegsseins.

Clemens Brentano[1]: **In der Fremde** (1810)

Weit bin ich einhergezogen
Über Berg und über Tal,
Der treue Himmelsbogen,
Er umgibt mich überall.

Unter Eichen, unter Buchen,
An dem wilden Wasserfall
Muss ich nun die Herberg suchen
Bei der lieb Frau Nachtigall,

Die im brünst'gen Abendliede
Ihre Gäste wohl bedenkt,
Bis sich Schlaf und Traum und Friede
Auf die müde Seele senkt.

Und ich hör dieselben Klagen,
Und ich hör dieselbe Lust,
Und ich fühl das Herz mir schlagen
Hier wie dort in meiner Brust.

Aus dem Fluss, der mir zu Füßen
Spielt mit freudigem Gebraus,
Mich dieselben Sterne grüßen,
Und so bin ich hier zu Haus.

1 **Clemens Brentano** (1778–1842): deutscher Schriftsteller, bekannt v.a. durch seine Volksliedsammlung „Des Knaben Wunderhorn"

Hilde Domin[2]: **Mit leichtem Gepäck** (1962)

Gewöhn dich nicht.
Du darfst dich nicht gewöhnen.
Eine Rose ist eine Rose.
Aber ein Heim
ist kein Heim.

Sag dem Schoßhund Gegenstand ab,
der dich anwedelt
aus den Schaufenstern.
Er irrt. Du
riechst nicht nach Bleiben.

Ein Löffel ist besser als zwei.
Häng ihn dir um den Hals,
du darfst einen haben,
denn mit der Hand
schöpft sich das Heiße zu schwer.

Es liefe der Zucker dir durch die Finger,
wie der Trost,
wie der Wunsch,
an dem Tag,
da er dein wird.

Du darfst einen Löffel haben,
eine Rose,
vielleicht ein Herz
und, vielleicht,
ein Grab.

2 **Hilde Domin** (1909–2006): deutsche Schriftstellerin, blieb nach Hitlers Machtübernahme im Exil und kehrte 1954 in die Bundesrepublik zurück.

Erster Schritt: Die Aufgabenstellung verstehen

1 Unterstreichen Sie die Operatoren der Aufgabenstellung. Formulieren Sie mit eigenen Worten, was der jeweilige Operator im Umgang mit Gedichten damit genau fordert.

Interpretieren: Das Gedicht im Hinblick auf das Motiv des Unterwegsseins untersuchen, dabei __________

____

Vergleichen: ______________________________

____

Prüfen: ______________________________

____

Zweiter Schritt: Erstes Textverständnis und Ideen formulieren

2 Notieren Sie Ihre ersten Eindrücke von den beiden Gedichten. Gehen Sie dabei vom Titel und von Ihren Erwartungen im Hinblick auf die Epochenkonzepte der Romantik und auf die Merkmale der Literatur nach 1945 aus.

	Brentano: „In der Fremde“	Domin: „Mit leichtem Gepäck“
Titel	*Das Unterwegssein wird mit „Fremdheit“ verbunden, also*	*„Mit leichtem Gepäck“ hingegen deutet darauf hin, dass*
Epoche	*Das Bild des Unterwegsseins in der Fremde, das Brentano zeichnet, ist*	*Gleich beim ersten Lesen wirkt*
Erster Eindruck	*Insgesamt*	*Dagegen*

3 a Markieren Sie in beiden Gedichten, wie das Thema „Unterwegssein“ jeweils dargestellt wird.
b Formulieren Sie mit Hilfe Ihrer Vorarbeiten eine Deutungsthese, die Sie später am Text überprüfen. Sie können die folgenden Satzanfänge vervollständigen:

In Brentanos Gedicht ist das Unterwegssein verbunden mit ______

______

Bei Domin hingegen ______

______

Dritter Schritt: Den Text interpretieren

4 Untersuchen Sie die beiden Gedichte zunächst jedes für sich. Vervollständigen Sie dazu die Tabelle in Ihrem Kursheft. Tragen Sie Stichpunkte ein. Nutzen Sie die Informationen auf den Seiten 60, 61, 69 und 71.

Aspekte der Analyse	Brentano: „In der Fremde“	Domin: „Mit leichtem Gepäck“
Inhalt: Darstellung des Unterwegsseins Strophe für Strophe	*1. Strophe: Hinweis auf weite Reise, Geborgenheit durch den Himmel* *2. Strophe: Zwang zu ...*	*1. Strophe: Aufforderung, nirgends heimisch zu werden ...* *2. Strophe: ...*
Äußere Form: Gedicht- und Strophenform, Reim, Metrum	*Strophenbau: ...* *Reim: ...* *Metrum: ...* *Wirkung: ...*	*freie ...* *Wirkung: unterstreicht inhaltliche Aussage ...*
Sprache: Satzbau, Wortwahl, rhetorische Figuren, besonders Bildlichkeit	...	...
Epochenmerkmale	*typische Motive: ...* *typisches Verständnis der Reise: ...*	*einfache Bildlichkeit ...* ...

5 a Ordnen Sie die Untersuchungsergebnisse und Deutungshinweise in den beiden Wortspeichern den beiden Gedichten zu, indem Sie sie mit unterschiedlichen Farben markieren.

Kreuzreim und meist vierhebiger Trochäus • Personifikation • freier Rhythmus • Alliteration • Akkumulation • reimlos • volksliedhaft • Bilder des Alltags

Haltlosigkeit in der Fremde • Natur als Beschützerin • Vertrauen in Natur • Unmöglichkeit des Ankommens • Warnung vor Bindung • Parallelität von Fremde und Heimat • Reduktion des Besitzes • Kontrast Unterwegssein – Bleiben • romantisches Motiv der Reise als Selbstzweck • Exilerfahrung des unfreiwilligen Reisens

b Prüfen Sie, welche Punkte Sie übernehmen möchten. Ergänzen Sie bei Bedarf Ihre Tabelle (► Aufgabe 4).

c Formulieren Sie zu jedem Gedicht einen Satz als Fazit Ihrer Analyse.

____

____

____

____

6 a Markieren Sie in der Tabelle Gemeinsamkeiten und Unterschiede mit unterschiedlichen Farben.

b Prüfen Sie Ihre Deutungsthesen (► Aufgabe 3) und korrigieren Sie sie gegebenenfalls.

Vierter Schritt: Den Schreibplan erstellen und schreiben

7 Entwerfen Sie unter Berücksichtigung der Aufgabenstellung eine Gliederung für Ihre Interpretation und den Gedichtvergleich. Bringen Sie dazu die Gliederungspunkte aus dem Wortspeicher in die Reihenfolge, in der Sie sie bearbeiten wollen.

- ☐ kurze Wiedergabe des Inhalts von Brentanos Gedicht „In der Fremde“
- ☐ Darstellung von Bezügen zur Epoche der Romantik
- ☐ Interpretation von Brentanos Gedicht hinsichtlich der Darstellung von „Unterwegssein“ (Inhalt, Sprache, Form und deren Zusammenhang)
- [1] Einleitung
- ☐ reflektiertes Fazit der Ergebnisse zu Brentano
- ☐ Unterschiede und Gemeinsamkeiten in der Darstellung des „Unterwegsseins“ in beiden Texten
- ☐ Überleitungssatz
- ☐ Zusammenfassung der Ergebnisse des Gedichtvergleichs

8 Verfassen Sie den Aufsatz in Ihrem Kursheft auf der Grundlage Ihrer Gliederung.
Nutzen Sie geeignete Formulierungsbausteine sowie das „Kohärenzrad“ und die Regeln zum Zitieren (► innere Umschlagseite hinten im Heft).

Formulierungsbausteine **Ein Gedicht interpretieren und mit einem anderen Gedicht vergleichen**

- **Einleitung**
  - *Die Gedichte von … und … entstammen unterschiedlichen Epochen, und zwar …*
  - *In beiden Gedichten steht das Thema … im Mittelpunkt. Eine Gemeinsamkeit besteht darin, dass in beiden Gedichten … / Bei eingehender Betrachtung fallen aber auch erhebliche/deutliche Unterschiede auf …*
  - *Zusammenfassend kann man festhalten, dass … / … ist also die zentrale Aussage des Gedichts.*
- **Interpretation**
  - *Das Gedicht … entstand in der Epoche der/des … und beschreibt …*
  - *Das Gedicht … handelt auf den ersten Blick vom Thema … / Bei genauerem Hinsehen zeigt sich allerdings …*
  - *Schon der Titel des Gedichts deutet darauf hin / lässt vermuten / lässt erwarten, dass … / löst die Erwartung aus, dass …*
  - *Das Gedicht besteht aus … Strophen. Das Metrum ist …, der Reim ein … Dadurch entsteht der Eindruck, dass …*
  - *Insgesamt zeichnet das Gedicht … das Bild einer/eines … Die erste Strophe des Gedichts handelt von …*
  - *Die Darstellung … lässt sich somit deuten als …*
  - *Sprachlich wird dies insbesondere durch … hervorgehoben.*
  - *Zusammenfassend kann man festhalten, dass … / … ist also die zentrale Aussage des Gedichts.*
- **Überleitung und Vergleich**
  - *Im Gegensatz dazu stammt das Gedicht … von … aus der Epoche … (weiter: Einzelanalyse/-interpretation s. o.)*
  - *Schon die Titel der beiden Gedichte … Während … (Titel 1) darauf hindeutet, dass …, lässt … (Titel 2) eher …*
  - *Ein wesentlicher Unterschied ist im Hinblick auf die formale Gestaltung / die Sprache erkennbar, denn … Ganz anders gestaltet ist das Gedicht von … (Autorenname), weil … Unterschiede zeigen sich auch in der Wortwahl, denn bei … Demgegenüber finden sich bei … (Autorenname) vor allem …*
  - *Damit gelangen die beiden Gedichte zu gegensätzlichen Aussagen über … Im Gedicht von … (Autorenname) steht … sinnbildlich für … Dagegen ist … bei … (Autorenname) … Ausdruck der …*
- **Epochenzuordnung:**
  - *Diese Unterschiede lassen sich auch mit Blick auf die Epochenzugehörigkeit erklären, denn … Berücksichtigt man die historische Situation und die literarischen Anliegen des/der … (Epoche), so zeigt sich, dass …*
  - *Die Aussage des Gedichts kann vor dem Hintergrund der Epoche der/des … verstanden werden. Sowohl mit … als auch mit … repräsentiert der Text die Epoche. Denn in dieser Zeit … Der Dichter sah sich zur Entstehungszeit des Textes mit … konfrontiert. Diese Erfahrungen spiegeln sich im Gedicht, wenn es heißt, dass …*
- **Fazit:**
  - *Zusammenfassend lässt sich feststellen … / Die Ergebnisse des Vergleichs lassen sich wie folgt zusammenfassen: … / Die Interpretation / Der Vergleich hat ergeben/gezeigt, dass … Abschließend bleibt anzumerken …*

Fünfter Schritt: Den eigenen Text überarbeiten

9 Prüfen Sie Ihren Text mit Hilfe der folgenden Checkliste:

Checkliste **Ein Gedicht interpretieren und mit einem anderen Gedicht vergleichen**

- Hat Ihr Aufsatz einen klaren **Aufbau** mit einer Gliederung durch Absätze?
- Werden in der **Einleitung** Gattung, Titel, Autor/-in, Entstehungsjahr und Thema beider Gedichte genannt?
- Haben Sie bei beiden Gedichten den **in der Aufgabenstellung genannten Aspekt** (hier: Darstellung des Unterwegsseins) in den Mittelpunkt der Untersuchung gestellt?
- Sind Sie auf **formale und sprachliche Aspekte** eingegangen? Werden diese zum Inhalt in Bezug gesetzt?
- Haben Sie Ihre Deutungsthesen hinreichend durch **Belege und Erläuterungen** abgesichert?
- Sind die Auszüge aus beiden Gedichten **fachlich korrekt zitiert?**
- Sind **Gemeinsamkeiten und Unterschiede** der beiden Gedichtaussagen umfassend und klar herausgearbeitet?
- Haben Sie Ihre Ausführungen in einem **Fazit** zusammengefasst?
- Haben Sie Ihren Text auf **Ausdruck, Rechtschreibung, Grammatik und Zeichensetzung** geprüft?

10 Versetzen Sie sich in die Lage von jemandem, der Ihren Aufsatz liest, ohne die beiden Gedichte zu kennen.
a Markieren Sie Stellen, an denen sie/er Bezüge nicht verstehen könnte, weil Sie diese vorausgesetzt haben.
b Überarbeiten Sie die entsprechenden Textstellen.

4.1 Verschiedene Ebenen politisch-gesellschaftlicher Kommunikation

Christian Lindner @c_lindner · Mar 10
Ich finde politisches Engagement von Schülerinnen und Schülern toll. Von Kindern und Jugendlichen kann man aber nicht erwarten, dass sie bereits alle globalen Zusammenhänge, das technisch Sinnvolle und das ökonomisch Machbare sehen. Das ist eine Sache für Profis. CL

Translate Tweet

2.8K 429 3.5K

Luca_445: Die Politik macht NICHTS! Überhaupt nichts! Stattdessen verbrennen wir hier alle auf der Erde!
Gefällt mir Antworten 7 Min

Ano-n-ymius: Danke! Ein krasses Video! Klimaschutz muss wirklich mehr wert sein!!!!
Gefällt mir Antworten 8 Min

Vegansour2d3: Ich persönlich versuche so viel wie möglich gegen den Wandel zu tun. Kein Fleischkonsum, nachhaltiges Einkaufen wo es geht, so gut wie keine Flüge mehr, kein Auto, dafür Rad und Öffis. Aber ich habe ein Gefühl der Ohnmacht. Welche Partei soll diese Probleme denn alle lösen? Dieser Wandel passiert doch einfach viel zu langsam. Was denkt ihr?
Gefällt mir Antworten 9 Min

Pro-KlimA*1_: Dass die Jugend selbst auf die Straße muss #FridayForFuture, ist ein Skandal. Die alten Säcke in der Politik interessiert das alles nicht. Immer nur Profit! Ekelhaft.
Gefällt mir Antworten 9 Min

1 Tauschen Sie sich zu den dargestellten politisch-gesellschaftlichen Kommunikationssituationen aus:
- Was nehmen Sie in den Situationen wahr? Erklären Sie, auf welche Art und Weise jeweils kommuniziert wird.
- Wo sonst begegnen Ihnen politisch-gesellschaftlich relevante Themen, analog und digital? Berichten Sie davon.

2 Legen Sie in Ihrem Kursheft eine Mindmap an, in der Sie die sprachlich-kommunikativen Besonderheiten der jeweiligen Kommunikationssituation festhalten. Ergänzen Sie diese gegebenenfalls durch weitere Merkmale.

mündlich • öffentlich • ausführlich • prägnant • textbasiert • bildbasiert • live • zeitverzögert • bürgernah • spontan • reflektiert • argumentativ • subjektiv

Interview:
– mündlich
– ausführlich

politisch-gesellschaftliche Kommunikation

Bad in der Menge:
– ...

Info **Ebenen und Kanäle politisch-gesellschaftlicher Kommunikation**

Politisch-gesellschaftliche Kommunikation verläuft auf verschiedenen **Ebenen**: Neben der **direkten Interaktion**, z. B. bei Wahlkampfveranstaltungen oder Demonstrationen, spielt sie sich vor allem in den **Medien** ab. Die Politik nutzt neben Interviews, Gesprächsrunden und Reden in den klassischen Medien, wie Zeitung und Fernsehen, zunehmend soziale Netzwerke. Auf Seiten der Gesellschaft prägen diese Plattformen mittlerweile den politischen Diskurs. Bedeutsam ist, dass jeder dieser **medialen Kanäle** eine spezifische **Art der Kommunikation** prägt, die sich auch in sprachlichen Besonderheiten ausdrückt.

4.2 Gesellschaftliche Debatten in sozialen Medien

Die Macht der Wörter – Wie Debatten unsere Welt verändern (2021)

Ganz gleich, ob Corona, Klimawandel, Diversität oder Migration: Zu vielen gesellschaftlichen Themen wird diskutiert und in den Debatten mitunter auch kontrovers gestritten. Nicht immer ist dabei die Grenze des Sagbaren eindeutig. Während von verschiedenen Seiten die Verrohung der Debatten beanstandet wird, berufen sich andere auf das im Grundgesetz verankerte Recht auf Meinungsfreiheit.
Solche Diskussionen führen dazu, dass der Zustand der Debattenkultur insgesamt zum Thema wird. Wie gehen wir bei unterschiedlichen Meinungen gesellschaftlich miteinander um? Hat sich der Umgang über die Zeit oder durch die Nutzung anderer Kanäle verändert oder nehmen wir die Debattenkultur nur anders wahr? Und wie können wir gemeinsam einen konstruktiven gesellschaftlichen Diskurs erreichen?

1 **a** Der Text steht auf einer Seite einer Online-Plattform, auf der Videos von Debatten abgerufen werden können. Diskutieren Sie in Ihrem Kurs:
- Haben Sie sich schon einmal an einer politisch-gesellschaftlichen Debatte oder Diskussion beteiligt? Geschah dies online oder offline?
- Was war das Thema der Debatte oder der Diskussion?
- Wie wurde debattiert? Hitzig? Argumentativ? Unsachlich? Kontrovers?
- Hat sich Ihre Meinung nach der Debatte oder Diskussion verändert?

b Halten Sie mit Hilfe Ihrer Beiträge aus Aufgabe 1a in Ihrem Kursheft fest, wie Bürgerinnen und Bürger Teil politisch-gesellschaftlicher Kommunikationssituationen werden können.
Indem Bürgerinnen und Bürger sich an Debatten in sozialen Netzwerken beteiligen, nehmen sie ihr Recht ...

c Erläutern Sie anhand des Textes und des Cartoons im Kursheft, welchen Konflikt politisch-gesellschaftliche Debatten häufig bergen.
Das Grundgesetz garantiert ...

d Gehen Sie in Kleingruppen zusammen und diskutieren Sie die beiden farbig markierten Fragen des Textes. Legen Sie am Ende gemeinsam Kriterien für eine konstruktive gesellschaftliche Debatte fest.

2 Der Titel des nachfolgenden Artikels von Simon Urban lautet „Ein Volk der Beleidigten". Tauschen Sie sich aus, worum es dem Autor in diesem Artikel im Hinblick auf gesellschaftliche Debatten gehen könnte.

Simon Urban: **Ein Volk der Beleidigten** (2016)

[...] Was wir momentan erleben, ist das Gegenteil lockerer oder sogar humorvoller Contenance[1] in notwendigen Diskursen. Stattdessen kultiviert unsere Gesellschaft ein individuelles Recht auf Beleidigtsein: Mit heiligem Eifer sucht man unentwegt nach Gründen, weshalb man sich mal wieder so richtig schön auf den Schlips oder Schmerzempfindlicheres getreten fühlen könnte.
[...] Auf Inhalte, die polemisch[2], ironisch, zugespitzt, pointiert, spöttisch, schwarzhumorig oder provokant sind, die dem Zeitgeist entschieden widersprechen, den Mainstream konterkarieren[3] oder einer vordergründigen Moral bewusst nicht gehorchen wollen, gibt es immer häufiger eine einzige reflexhafte Reaktion: heftigste Empörung, drastische Diskriminierungsvorwürfe und pauschale Anschuldigungen. „Na und?", könnte man sagen – dann sollen diejenigen, die sich permanent angegriffen fühlen, doch einfach dauerbeleidigt sein. Betrifft ja nur sie selbst. Aber das stimmt leider nicht. Denn wer schmollt, zieht sich zurück, will nicht mehr zuhören, boykottiert bewusst jeden Dialog und verhindert so letztlich die Chance auf eine konstruktive Debatte und die Annäherung über Argumente.
Die Tendenz zu inflationärem Beleidigtsein ist Gift für unsere Diskurskultur. Eine Gesellschaft, die es nicht schafft, in schwierigen Streitfragen miteinander im Gespräch zu bleiben, und die stattdessen mit Anschuldigungen um sich wirft, verhärtet sukzessive ihre ideologischen Fronten und erzeugt ein Klima der Feindseligkeit, das Kompromisse irgendwann unmöglich macht.
[...] Sogenannte Shitstorms erleben wir mittlerweile wöchentlich, #aufschrei-Varianten ungefähr im Halbjahrestakt. Die Wartezeit auf den nächsten vermeintlichen Ek-

lat nutzt die sogenannte Netzgemeinde für orthografisch fragwürdige Fortschreibungen der Debatten in den Kommentarfunktionen der sozialen Netzwerke. Wenn Empörung eine Sportart wäre, würde Deutschland wohl auf Jahre die Olympiasieger stellen.

Ein wahlloser Griff in die Erinnerungskiste fördert unzählige weitere Beispiele zutage. Als die E.On-Tochter *E wie einfach* einen TV-Spot schaltete, in dem ein junger Mann seine Freundin mit einer ordentlichen Kopfnuss ausknockt, weil sie nicht einschlafen kann, folgten die erwartbaren Erschütterungen ebenfalls auf dem Fuß. Der Film, so die Kritiker, verherrliche Gewalt gegen Frauen und sei sexistisch. Dass ihn eine Frau geschrieben hatte – egal. Ich fand schon damals, dass der Spot vor allem überrascht und Spaß macht. Die Lust, meine Freundin zu schlagen, überkam mich dabei jedenfalls nicht. E.On zog den Film trotzdem umgehend zurück. Als in einem Ikea-Clip einst eine Frau ihren Mann mit einer Pfanne k. o. schlug, protestierte übrigens niemand.

[...] Aber wie konnte es bloß dazu kommen, dass in Diskursen immer seltener mit Argumenten und immer häufiger mit Emotionen gepunktet wird? Und warum führen wir keine breite Debatte darüber, wohin uns diese Entwicklung bereits gebracht hat und noch bringen könnte?

Der grundsätzliche Konflikt ist offenkundig: Es geht im Kern um Meinungsfreiheit und Kunstfreiheit versus politisch-korrekten Zeitgeist, dogmatische[4] Ideologien sowie die elitären[5] Dünkel[6] der Religiösen. Auch die Frage, warum mitunter lieber Affekte ins Feld geführt werden als Inhalte, ist relativ leicht zu beantworten: Drangsalierten Emotionen lässt sich kaum etwas entgegensetzen. Was soll man schon jemandem antworten, der darüber klagt, dass ihm eine Meinungsäußerung, eine Satiresendung, ein Werbespot oder eine Karikatur gravierende seelische Qualen bereitet?

[...] Wenn wir unsere liberale[7] Normalität und unsere nahezu uneingeschränkte Kunstfreiheit langfristig erhalten wollen, müssen wir endlich zu der Einsicht kommen, dass sich hinter überbordenden Shitstorms und permanent „verletzten Gefühlen“ keine menschlichen Tragödien verbergen, die es zu bedauern gilt. Sondern Belege dafür, dass glücklicherweise immer noch viele Menschen ihr Recht auf freie Meinungsäußerung und unzensierten Humor in Anspruch nehmen.

[...] Es gibt Dinge, die man aushalten muss. Und zwar ohne Wenn und Aber. Meinungs- und Kunstfreiheit existieren nur ganz oder gar nicht. [...]

1 **Contenance:** Selbstbeherrschung
2 **polemisch:** scharf, unsachlich
3 **konterkarieren:** durchkreuzen, durchbrechen
4 **dogmatisch:** starr, engstirnig
5 **elitär:** überheblich
6 **Dünkel:** Anmaßung, Arroganz
7 **liberal:** freiheitlich

3 a Markieren Sie Textstellen, an denen die Position des Autors deutlich wird. Ein Anfang ist bereits gemacht.
b Halten Sie die Position des Autors schriftlich in Ihrem Kursheft fest. Belegen Sie Ihre Aussagen mit Textangaben.

Simon Urban verweist in seinem Artikel darauf, dass sich in der Gesellschaft ein ... (vgl. Z. 3f.). ...

4 Erklären Sie in Ihrem Kursheft, welchen Appell Simon Urban an die Leserschaft richtet.

5 Diskutieren Sie in Ihrem Kurs die Position von Simon Urban. Können Sie durch eigene Erfahrungen bei Debatten oder Diskussionen bestätigen, dass es sich bei den Deutschen um „ein Volk der Beleidigten“ handelt?

6 Recherchieren Sie in Kleingruppen ein Ereignis, bei dem es innerhalb sozialer Medien zu einem „Shitstorm“ gekommen ist. Untersuchen Sie mit Hilfe der Hinweise aus der Information sprachliche Auffälligkeiten, die diesen „Shitstorm“ auszeichnen und notieren Sie diese stichpunktartig in Ihrem Kursheft. Tragen Sie Ihre Ergebnisse anschließend im Kurs zusammen.

Info **Politisch-gesellschaftliche Debatten in sozialen Medien**

Politisch-gesellschaftliche Debatten, z. B. zum Klima, zum Fleischkonsum oder zum Mindestlohn, finden insbesondere in den sozialen Medien statt. Damit diese Kommunikation gelingt, müssen alle Beteiligten eine **Debattenkultur** im Rahmen der **Netiquette** entwickeln. Dazu gehören ein angemessener und konstruktiver Umgang miteinander sowie Toleranz gegenüber gegenteiligen Meinungen und abweichenden Positionen.
Debatten in sozialen Netzwerken können eine negative Dynamik entwickeln, wenn eine Person oder ein Standpunkt von vielen Kommunikationsteilnehmern missbilligt oder abgelehnt wird, sich Lager bilden und es nur noch darum geht, zu gewinnen. Dann entsteht eine **Skandalisierungsspirale**, ein sogenannter **Shitstorm**, in der die Meinungsfreiheit kaum noch gewährleistet ist. Sprachlich zeichnet sich ein Shitstorm in sozialen Medien oftmals durch aggressive und herabsetzende Begriffe und Formulierungen in der Umgangs- oder Vulgärsprache aus. Häufig werden Ausrufe, Ellipsen und Wiederholungen benutzt.

4.3 Die Stimme des Einzelnen: Politik-Vlogger

Der Webvideoproduzent Rezo hat mit seinem YouTube-Video „Die Zerstörung der CDU" im Jahr 2019 auf sich aufmerksam gemacht. Darin übt er anhand zahlreicher Argumente eine grundlegende Kritik an dieser Partei.

1 Untersuchen Sie die Argumente und die Argumentationsweise Rezos.

- **a** Ordnen Sie in Ihrem Kursheft die Argumente 1 bis 4 verschiedenen Argumenttypen zu. Nutzen Sie hierzu auch die Hinweise aus der Information (▶ S. 95, Argumenttypen).
- **b** Erläutern Sie in Ihrem Kursheft die Stichhaltigkeit und Überzeugungskraft der Argumente 1 und 3.
- **c** Beurteilen Sie die nachfolgende Kritik von Martin Kessler.

Martin Kessler: **Wo YouTuber Rezo recht hat – und wo nicht** (2019)

Der YouTuber Rezo argumentiert zugespitzt, aber entlang der Veröffentlichungen führender Klimaforscher, Ökonomen und Biologen. [...] Allerdings übernimmt der YouTuber einfach die Aussagen der Wissenschaftler als eigene Meinung und blendet unten lediglich die Quellen ein. Er unterschlägt die Tatsache, dass auch die besten Studien nur den aktuellen Stand der Wissenschaft abbilden können. Erkenntnisse können sich ändern. Und Prognosen über die möglichen Folgen der Erderwärmung lassen sich derzeit nicht präzise und zweifelsfrei vorhersagen. [...] Gewagt ist die Schlussfolgerung, an diesem Klimawandel sei vor allem die Bundesregierung schuld, als gebe es keine anderen gesellschaftlichen Gruppen. Er geht von einer faktischen Diktatur der Bundesregierung aus und unterstellt, dass sie alles durchsetzen kann, was Wissenschaftler sagen. Ein merkwürdiges Demokratieverständnis.

2 Untersuchen Sie sprachlich-rhetorische Mittel, die Rezo in seinen Videos verwendet.

- **a** Schauen Sie sich einen Ausschnitt des Videos „Die Zerstörung der CDU" von Rezo an und notieren Sie in Ihrem Kursheft Stichpunkte zu folgenden sprachlich-rhetorischen Aspekten:

  Ironie • Beleidigungen • Jugendsprache • persönliche Ansprache • Argumente • Emotionalisierung

- **b** Erklären Sie, was Rezo mit der speziellen Form der Bild- und Sprachgestaltung im Hinblick auf das Publikum beabsichtigt. Gehen Sie dabei auch allgemein auf das Medium YouTube und die Erwartungshaltungen und Nutzungsgewohnheiten der YouTube-Nutzerinnen und -Nutzer ein.
- **c** Begründen Sie, inwiefern Vlogger (▶ Information) die politische Meinungsbildung beeinflussen.

Info **Politik-Vlogger**

Der Begriff **„Vlog"** ist eine Zusammensetzung aus **„Video"** und **„Blog"** (Tagebuch im Internet). **Vlogger** betreiben einen Blog in Form von **Videos** auf einer Plattform wie beispielsweise YouTube, in denen sie sich meist an ein junges Publikum richten. Sie produzieren in regelmäßigen Abständen Videos zu den unterschiedlichsten Themen, z. B. Reisen, Lifestyle, Gaming, aber auch Politik. Vlogger suggerieren in ihren Videos häufig eine **persönliche Authentizität** (Echtheit), indem sie eine **unterhaltsame Atmosphäre** erzeugen, einen **lockeren, jugendlichen Sprachtenor** pflegen oder durch persönliche Ansprachen an ihr Publikum besonders **zugewandt** und **nahbar** erscheinen.

4.4 Politische Kommunikation als Inszenierung

1 Diskutieren Sie das nachfolgende Zitat des ehemaligen Ministerpräsidenten des Saarlandes Peter Müller. Gehen Sie dabei besonders auf die Rolle des Politikers als Schauspieler ein.

„Sind Politiker Schauspieler? Antwort: Ja. Ja! Politik ist Theater. Wer kommunizieren will, darf wenig informieren. Wenn das so ist, dann müssen sie Nachrichten produzieren, und ohne Theater keine Nachricht. Und je mehr Theater, umso größer die Chance, dass eine Nachricht entsteht."

2 Lesen Sie den nachfolgenden Text aktiv mit einem farbigen Stift und markieren Sie weitere wesentliche Aspekte bezüglich der Inszenierung von Politikern.

Ulrich Sollmann: **Wie man Authentizität inszeniert** (2019)

Politik ist nicht nur Partei, Programm und Macht. Sie ist immer auch Vermittlung und mediale Inszenierung. Darum braucht sie ein Gesicht, das Gesicht des Politikers, der diese Macht verkörpert. Das ist insbesondere in Zeiten des Wahlkampfs vonnöten. Je differenzierter und plastischer Politik in den Medien abgebildet ist, desto eher haben Politiker [...] die Chance, zu einem nahbaren Politiker zu werden. Dieser ist dem Medienkonsumenten und potenziellen Wähler dann auf seltsame Art und Weise vertraut, als säße er neben ihm auf der Couch im Wohnzimmer vorm Fernseher. Der Medienkonsument ist der Überzeugung: „Klar, den kenn ich doch." Das ist die entscheidende emotionale Währung im Wahlkampf. Diese Authentizität[1] des Politikers ist immer eine inszenierte Authentizität. Politik hat sich immer stärker zur gefühlten, erlebten Politik gewandelt. Wahlentscheidungen wirken darum heute mehr denn je wie Entscheidungen für oder gegen Personen. Verstärkt wird diese Personalisierung der Politik dadurch, dass ein Politiker an Bekanntheit gewinnt, je öfter er im Bild medial präsent ist. Das belegt die sogenannte Prominenzierungsforschung[2]. Ex-Kanzler Gerhard Schröder genoss es geradezu bildhaft, medial präsent zu sein, man denke nur an die Fotosession im Brioni-Anzug. Nicht ohne Grund nannte man ihn Medienkanzler. Die Prominenzierungsforschung weist auch darauf hin, dass der Wiedererkennungseffekt, die emotionale Wirkung und die Bedeutung der Person relativ unabhängig von der textuellen und inhaltlichen Botschaft zu sehen sind. Mit anderen Worten: Je öfter ein Politiker medial bildhaft präsent ist, desto größer ist sein Aufmerksamkeitsbonus. Je größer wiederum der Aufmerksamkeitsbonus, desto größer die Chance, gewählt zu werden. Dies geht nicht ohne die emotionale Wirkung des Politikers, nicht ohne Geschichten, die ihn nahbar wirken lassen. Öffentlichkeitswirksam sind Politiker dann, wenn sie das Zusammenspiel von nonverbaler[3] Wirkung, Körpersprache, Persönlichkeit und eigenen Verhaltensmustern beherrschen. Sie lernen die Kunst, „sie selbst zu sein" (als Persönlichkeit), „anders zu sein" (im Rollenverhalten unterscheidbar) und „öffentlich zu sein" (Öffentlichkeitskompetenz). Sie wagen es, sensibel, direkt und verantwortlich zu führen. Sie sind sicher im Umgang mit den Medien und auf der Bühne. Sie überzeugen, indem sie eine Richtung vorgeben und sich als Person so inszenieren, dass sie bestenfalls Sicherheit in unsicheren Prozessen vorleben. Sie haben gelernt, Spannungen auszuhalten und wichtige Entscheidungen zu treffen, auch wenn diese Entscheidungen nicht immer auf Gegenliebe stoßen. [...] Je bewusster sich Politiker ihrer Verhaltensmuster und ihrer Persönlichkeit sind, desto anschlussfähiger sind sie im jeweiligen Kontext. Dabei wirken sie weniger durch einen spezifischen Verhaltenscode, der eher die Qualität von gutem Benehmen hat. Stattdessen überzeugen sie als Typus[4], durch ihren individuellen Habitus[5]. Je glaubwürdiger, das heißt in sich stimmiger, der jeweilige Typus wahrgenommen wird, desto höher ist die persönliche Wirkfähigkeit im öffentlichen Feld. Sie stehen zu ihren Ecken und Kanten und bleiben dadurch in Erinnerung. [...]

1 **Authentizität:** Echtheit
2 **Prominenzierung:** Methode, um jemanden bekannt zu machen
3 **nonverbal:** nicht auf Worten beruhend
4 **Typus:** Art oder Charakter einer Person
5 **Habitus:** Auftreten oder Umgangsformen einer Person

3 Erklären Sie in Ihrem Kursheft folgende Aspekte in Sollmanns Text:
- Welche Bedeutung und welche Absichten kommen der medialen Inszenierung von Politikerinnen und Politikern zu?
- Was bedeutet „inszenierte Authentizität" (Z. 14 f.)?
- Welche Erkenntnisse führt die Prominenzierungsforschung (Z. 21 f.) an und welche Konsequenzen ergeben sich daraus für Politikerinnen und Politiker?
- Welche Aspekte müssen Politikerinnen und Politiker beachten, um „öffentlichkeitswirksam" (Z. 35 f.) zu sein?

Thymian Bussemer: **Beziehungsstörungen** (2010)

In der Mediengesellschaft fungieren[1] Medien als die primären Vermittlungsinstanzen für Politik, deren Regeln nicht nur die Politikdarstellung, sondern auch die Politikherstellung immer mehr dominieren. Ein neuer Schub der Medialisierung[2] hat die stets prekäre Balance zwischen Politik und Medien endgültig zugunsten der letzteren verschoben. Seit den 80er Jahren – nach der Einführung des dualen Rundfunks[3] – geriet die Politik immer stärker in den Sog von Medienerwartungen, ohne sich diesen wirksam widersetzen zu können.
Gleichzeitig hat sich das Medienhandeln so beschleunigt, dass die Politik nicht mehr schnell genug jenen Stoff liefern kann, den die Medien in unendlicher Abfolge brauchen. Deswegen haben diese sich mehr und mehr von der politischen Prozesslogik[4] abgekoppelt. Sie orientieren ihre Berichterstattung zunehmend an ihrem eigenen Funktionscode – und nicht länger an den Vorgaben, die aus dem politischen System kommen. Nicht mehr die politische Agenda[5], sondern das Eigenkalkül[6] der Medien bestimmt mehr und mehr die Berichterstattung. Politisches und Persönliches, Ernstes und Unterhaltsames werden in einer Art und Weise abgemischt, die stark von den Aufmerksamkeitsregeln des Boulevards[7] bestimmt ist. „Storytelling", das möglichst unterhaltsame Erzählen einer Geschichte, ist für die Auswahl von Nachrichtenstoff unterhalb der Ebene der „Breaking News"[8] vielfach wichtiger als Inhalte. Personalisierung und Skandalisierung werden auch dort zu Ankerpunkten der Berichterstattung, wo es um routinehafte, nicht personengebundene Sachfragen geht. Unterhaltung gewinnt immer mehr an Bedeutung, und damit siegt die Dominanz des Formats[9] endgültig über den Inhalt. [...] Die Politik hat sich auf diesen gewachsenen Medieneinfluss längst eingestellt. Sie ist in den vergangenen [...] Jahren telegener[10] geworden. Die besten Aussichten auf ein politisches Spitzenamt hat heute, wer [...] gut rüberkommt.

1 **fungieren:** dienen
2 **Medialisierung:** Verbreitung von Massenmedien
3 **dualer Rundfunk:** privater und öffentlich-rechtlicher Rundfunk
4 **Prozesslogik:** Reihenfolge der Schritte eines Entwicklungsprozesses
5 **Agenda:** Katalog von Aufgaben, Pflichten und Aktivitäten
6 **Eigenkalkül:** spezifisches Regelsystem
7 **Boulevard:** hier: Unterhaltungsjournalismus
8 **Breaking News:** wichtige Nachricht, die das laufende Programm unterbricht
9 **Format:** hier: Konzept einer unterhaltsamen Reihe
10 **telegen:** fernseh- oder medientauglich

4 Halten Sie in einem Schaubild wesentliche Schritte fest, die die Entwicklung der Beziehung von Politik und Medien kennzeichnen (► Information).

Medien als Vermittlungsinstanz von Politik → *zunehmende ...* → *Politik gerät immer mehr ...* → ...

5 Erläutern Sie in Ihrem Kursheft, inwiefern es sich bei den Besuchen von Politikerinnen oder Politikern in Katastrophengebieten auch um mediale Inszenierungen handelt. Gehen Sie dabei auf die Rolle der Politikerin oder des Politikers, der Medien sowie die Wirkung in der Öffentlichkeit ein.
Mit dem Besuch in Katastrophengebieten möchten Politikerinnen oder Politiker zum einen ihre Anteilnahme ...

Olaf Scholz beim Besuch in Schleiden, Nordrhein-Westfalen, nach der Flutkatastrophe im Jahr 2021

Info **Politische Inszenierung**

Unter **politischer Inszenierung** versteht man den Prozess der **Selbstdarstellung von Politikerinnen und Politikern in der Öffentlichkeit.** Dabei sind Politiker bestrebt, ein möglichst positives Bild von sich zu präsentieren und einen möglichst souveränen und authentischen Eindruck zu vermitteln. Wichtig ist dabei auch, möglichst oft in Erscheinung zu treten, um von der **Wählerschaft wahrgenommen und wiedergewählt** zu werden. Unterstützt werden sie dabei von den Medien, die für die Übertragung der Selbstdarstellung sorgen. Dadurch geraten Politiker unter Druck, den Medien und somit der Öffentlichkeit Nachrichten zu präsentieren, auch wenn es gar keine Neuigkeiten gibt.
Im Zuge der Verbreitung der Massenmedien seit Beginn der 80er Jahre, die ständig neue Geschichten produzieren müssen, wird ein weiteres Phänomen bedeutsam, das man als **Storytelling** bezeichnet. Politische Ereignisse werden demzufolge im Rahmen **narrativer** (erzählender) **Muster und Rollen** vermittelt, z. B. „David gegen Goliath" (als Erzählung für den Kampf der Klimaaktivistin Greta Thunberg gegen die Energieriesen) oder „Der Retter" (als Erzählung für den Einsatz des Politikers Olaf Scholz im Krisengebiet). Dies birgt die Gefahr, dass das **Erzählen** wichtiger wird als die **Inhalte.**

4.5 Politisch-gesellschaftliche Kommunikation in sozialen Medien

1 a Untersuchen Sie den Tweet des Politikers Olaf Scholz. Notieren Sie, worauf er sich bezieht.

Scholz verweist in diesem Tweet auf die Demonstrationen für den Klimaschutz, indem er sich

b Analysieren Sie in Ihrem Kursheft die Sprache des Tweets (► Information S. 90). Gehen Sie dabei besonders auf die Funktion und Verwendung von Schlagworten mittels Hashtags ein.

c Beurteilen Sie in Ihrem Kursheft die Absicht des Tweets. Beziehen Sie in Ihre Überlegungen auch die Zielgruppe ein.

d Diskutieren Sie, welche Chancen soziale Netzwerke wie Twitter für die politische Kommunikation bieten.

Markus Feldenkirchen, Veit Medick: **Politischer Burn-out** (2021)

Twitter ist in den vergangenen Jahren schwer erträglich geworden. Die politische Auseinandersetzung auf der Plattform wurde aggressiver, hämischer, es wirkt, als stünden sich die User wie Feinde in Schützengräben gegenüber. „Respekt, Toleranz und Sachlichkeit sind zu Fremdwörtern geworden", schrieb der Vorsitzende der Münchner Sicherheitskonferenz, Wolfgang Ischinger, dieser Tage an die Twitter-Gemeinde: „Schämen Sie sich, allesamt." Man könnte darüber hinweggehen und sagen, Twitter sei nur das Paralleluniversum einer kleinen Gruppe, entkoppelt von der Realität und den Themen, die Menschen draußen im Land eigentlich bewegen. Es ist eine interessante und beruhigende Lesart, nur ist sie leider Quatsch. Twitter ist eine neue Form des Stammtischs, ein digitaler Seismograf gesellschaftlicher Debatten. Ob die Lage in Afghanistan oder die Logik der Coronaregeln, ob Hochwasser, Klimakrise oder die Frage, wer nach der Wahl mit wem koaliert: Themen, die im Land als wichtig gelten, werden bei Twitter diskutiert – und mit maximalem Drehmoment über Journalisten, Politiker, politische Zuarbeiter und Lobbyisten hinaus in die Welt geschleudert. Von einem „Turbo für Debatten" spricht der Publizist Ulf Poschardt. So verschärft Twitter eine problematische Kultur der Kurzfristigkeit. Der Drang, Ereignisse in Sekundenschnelle zu bewerten, oft ohne sie wirklich zu prüfen, erzeugt häufig eine falsche Wiedergabe der Wirklichkeit und damit bisweilen tiefe Ungerechtigkeiten. [...] Egal wie falsch eine Behauptung auch sein mag: Ab einer gewissen Reichweite ist es fast unmöglich, Unsinn oder Lügen wieder aus der Welt zu schaffen. Durch Kopieren und Teilen landet dergleichen in den hintersten Ecken des Dienstes. Es ist eines der absurden Twitter-Gesetze: Je mehr Reichweite, desto größer wirkt die Glaubwürdigkeit der Botschaft. Hinzu kommt: Aufmerksamkeit verglüht bei Twitter in der Regel innerhalb von Stunden. Wer zu spät reagiert, wird gar nicht mehr wahrgenommen. Ist ein Fehler tausendfach geteilt, interessiert sich kaum jemand dafür, wie es wirklich war. [...] Für Politiker ist Twitter zum ambivalentesten Medium unserer Zeit geworden. Einerseits verspricht es Aufmerksamkeit, andererseits lauert die ständige Gefahr, auf eine Mine zu treten. Politiker können glänzen, wenn sie kluge Dinge schreiben oder witzig sind. Twitter kann ihnen schwer schaden, wenn etwas schiefläuft. Um den Risiken zu entgehen, haben sich manche Politiker von der Plattform abgemeldet. [...]

Der Tübinger Kommunikationswissenschaftler Bernhard Pörksen ist einer der wenigen mit einem differenzierten Blick. [...] Vor allem Politiker hätten es unter den Twitter-Bedingungen nicht leicht. Einerseits wollten die User, dass Politiker möglichst natürlich und ungeschminkt auftreten. Gleichzeitig gebe es aber auch eine Perfektionssehnsucht – Patzer und selbst kleinere Fehltritte würden gnadenlos aufgegriffen, bewertet und verurteilt. „Bei dieser Mischung ist der politische Burn-out quasi programmiert", sagt Pörksen. Der Dienst, zumindest in der jetzigen Form, sei ein Instrument, das den Politikverdruss fördere. [...]

Wer kann, wer will sich diesen einander widersprechenden Anforderungen weiter aussetzen? Wer kann ihnen genügen, ohne selbst zugrunde zu gehen im Sturm der Anfeindungen und der Häme? Der frühere Fußballbundestrainer Berti Vogts, über den auch gern gespottet wurde, soll einmal den schönen Satz gesagt haben: „Wenn ich übers Wasser laufen könnte, würden die Leute sagen: ‚Der kann ja nicht mal schwimmen.'" So ähnlich ist der Umgang vieler Twitter-User heute mit dem politischen Spitzenpersonal.

2 a Lesen Sie den Text aktiv mit einem farbigen Stift und markieren Sie die Kernaussagen der Autoren.
b Formulieren Sie mit Textbelegen in Ihrem Kursheft, welche Meinung die Autoren hinsichtlich des sozialen Netzwerks „Twitter" vertreten.

3 Erläutern Sie unter Berücksichtigung der grün markierten Wörter in Ihrem Kursheft, mit welchen sprachlichen Mitteln die Autoren Twitter beschreiben. Gehen Sie dabei auch auf die Wirkung der sprachlichen Mittel ein.

4 Erklären Sie mit Textbelegen in Ihrem Kursheft, inwiefern Twitter für Politikerinnen und Politiker ein „ambivalentes Medium" (Z. 38) darstellt. Verwenden Sie hierzu die folgenden Satzbausteine:
Politikerinnen und Politiker können das soziale Netzwerk einerseits verwenden, um ...
Indem Sie kluge oder witzige Dinge schreiben, ...
Andererseits besteht aber auch die Gefahr, dass ...
In extremen Fällen kommt es sogar zu ...

5 a Analysieren Sie in Ihrem Kursheft die Sprache und die Wirkung des nebenstehenden Posts in einem sozialen Netzwerk sowie die dazugehörigen Kommentare.
Der Post aus einem sozialen Netzwerk richtet sich gegen den Politiker Karl Lauterbach ...

b Zu Beleidigungen und Aufrufen zu Gewalt und Hass in sozialen Netzwerken soll der sogenannte „Enthemmungseffekt" beitragen. Erörtern Sie in Ihrem Kursheft, welcher Effekt damit gemeint ist und welche Rolle dabei das Internet spielt.

Neben den Vorteilen der digitalen Kommunikation ...

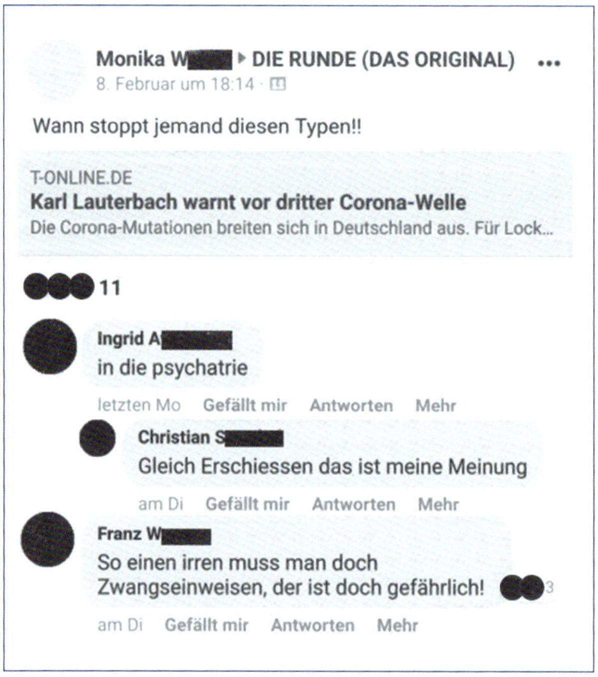

Info **Politisch-gesellschaftliche Kommunikation in sozialen Medien**

Soziale Medien dienen auch der politischen Auseinandersetzung. Wurden politische Themen früher hauptsächlich durch Massenmedien wie Zeitung, Rundfunk und Fernsehen verbreitet, setzen immer mehr Politikerinnen und Politiker, aber auch Aktivisten, auf den Einfluss sozialer Medien und nutzen die **direkte Kommunikation** mit den Bürgerinnen und Bürgern. Diese Medien haben eine große Reichweite, da Inhalte tausende Nutzerinnen und Nutzer gleichzeitig erreichen können. Aufgrund der Möglichkeit, **Kommentare zu verfassen** oder **Nachrichten zu teilen und zu bewerten**, besteht für Politiker aber auch immer die Gefahr, **öffentlich kritisiert, beleidigt** oder **angefeindet** zu werden. Soziale Medien werden zudem missbraucht, um **Verschwörungserzählungen** oder **Aufrufe zur Gewalt**, z. B. gegenüber Politikern, zu verbreiten.
Bürgerinnen und Bürger stoßen auch von sich aus **politisch-gesellschaftliche Diskussionen** in sozialen Medien an oder organisieren mit Hilfe dieser Plattformen zum Teil einflussreiche Bewegungen, z. B. die Bewegung für den Klimaschutz *Fridays for Future*.
Sprachlich zeichnen sich die Mitteilungen meist durch **inhaltliche Prägnanz** sowie die Verwendung von **Schlagworten** und **Hashtags** (ein mit Doppelkreuz versehenes Stichwort, das Nachrichten in sozialen Medien zu einem Thema bündelt und damit leichter auffindbar macht) aus.

4.6 Politisch-gesellschaftliche Kommunikation in den Massenmedien

1 Tauschen Sie sich darüber aus, ob Sie sich politische Talkshows im Fernsehen anschauen. Welche Sendungen sind Ihnen bekannt?

Martin Schulte: **Warum die totgesagten Politik-Talkshows noch immer leben** (2021)

[...] Die politische Talkshow [ist] eines der erfolgreichsten TV-Formate[1]. Sie hat in Deutschland eine lange Tradition [...]. Das Prinzip ist dabei so einfach wie preiswert: Die jeweilige Redaktion setzt – gern dramatisch formuliert – das Thema, sucht die Gäste nicht nur nach der Expertise[2], sondern auch nach dem Unterhaltungsfaktor aus und würzt das alles gern noch mit ein oder zwei Studiogästen, die entweder die Stimme des Volkes oder von Wissenschaft und Wirtschaft vertreten. *Politainment* nennt sich das, eine Mischung aus Politik und Entertainment[3]. Der Erkenntnisgewinn dieser Formate ist oft mäßig, weil die Themen meist oberflächlich verhandelt werden – zu viel Tiefe verschreckt den Zuschauer. Andererseits erleichtern sie aber auch den Zugang zu politischen Themen.

Der Medienwissenschaftler Bernd Gäbler hat es in seiner Studie zu den Talkshows im Jahr 2011 so formuliert: „Konkrete Fragen werden ins Wolkige geweitet. Kontroversen werden in der Regel nicht rationalisiert, sondern psychologisiert. Komplexe Entscheidungen werden gerne auf Ja/Nein-Schemata heruntergebrochen." Gäblers zehn Jahre alte Studie ist eine 154-seitige Vernichtung des Polittalks, die in zwei wesentlichen Erkenntnissen mündet: „Die Kluft zwischen Politik-Darstellung und realer Verhandlungs- und Entscheidungspolitik wird größer." Und: „Jetzt schon haben die Talkshows den Zenit ihrer Bedeutung überschritten."

Letzteres zumindest stimmt nicht, die Zahl der Sendungen, in denen über Politik gesprochen wird, ist deutlich gewachsen, auf YouTube, in Streams, aber auch im analogen Fernsehen. Derzeit versuchen private Sender wie Pro7 und RTL das Trash-Image[4] abzustreifen und haben der öffentlich-rechtlichen Konkurrenz mit Linda Zervakis und Pinar Atalay gestandene Nachrichtengesichter abgeworben. Die ersten Infotainment-Talk-Formate[5] sind auch dort bereits in der Vorbereitung. Der langjährige ARD-Nachrichtensprecher Jan Hofer etwa ist unlängst mit seiner neuen Sendung „RTL Direkt" auf Sendung gegangen, auch dort wird, unter anderem, getalkt. [...] Wie eng der Markt und die Themen sind, belegen nicht zuletzt die Zahlen, die der Branchendienst „Meedia" am Ende eines jeden Talk-Jahres veröffentlicht. 2020 war in dieser Hinsicht besonders auffällig, denn das alles dominierende Thema war die Corona-Pandemie. Von 106 Sendungen „Anne Will", „Hart aber fair"

Politik-Talkshow: „maybrit illner", ARD, 2021

und „maybrit illner" drehten sich 66 um das Corona-Thema, weit abgeschlagen folgte die US-Wahl mit acht Sendungen. Auch wenn die Pandemie aus naheliegenden Gründen die Themenagenda der Talkformate bestimmt hat, zeigt sich doch das eingeschränkte Sichtfeld der beteiligten Redaktionen; sie bestätigen damit einen anderen zentralen Satz aus der Studie des Medienforschers Gäbler: „Talkshows sind nie vorausschauend, immer reaktiv." [...] Gleiches gilt wohl auch für die Besetzung der Gästelisten [...]. Die [...] sind [...] immer ein Beleg dafür, dass die Kriterien bei der Wahl der Diskutanten nicht nur ihr Fachwissen, sondern auch immer ihr Unterhaltungswert ist. Infotainment braucht meinungsstarke und rhetorisch offensive Protagonisten. Wer diese Kriterien bedient, der wird in einer unbezahlbaren Währung entlohnt: Bekanntheit und öffentliche Aufmerksamkeit. Man muss es ja nicht zwingend mit dem legendären Ex-Kanzler Helmut Schmidt halten, der schon 1994 ätzte: „Die heutige politische Klasse ist gekennzeichnet durch ein Übermaß an Geilheit, in Talkshows aufzutreten." Aber das latente Gefühl vieler Zuschauer, dass einige der Polittalk-Protagonisten doch etwas zu oft ihr Gesicht in die Kameras halten, würde man sich auch auf der anderen Seite des Bildschirms und in den Parlamenten wünschen.

1 **Format:** Konzept einer Reihe von Sendungen
2 **Expertise:** Expertenwissen
3 **Entertainment:** Unterhaltung
4 **Trash:** banale oder seichte Form von Kunst oder Unterhaltung
5 **Infotainment:** Sendeformat, das Information und Unterhaltung miteinander verbindet

2 a Erklären Sie in Ihrem Kursheft anhand des Textes von Martin Schulte, warum Politik-Talkshows nach wie vor populär sind. Gehen Sie dabei besonders auf die Gestaltung des Polit-Talk-Formates ein.

b Erläutern Sie in Ihrem Kursheft anhand des Textes von Martin Schulte und mit Hilfe der Information auf S. 92, inwiefern sowohl Politikerinnen und Politiker als auch die Sender vom Polit-Talk-Format profitieren.
Weil Politikerinnen und Politiker durch die Teilnahme an der Sendung eine große Menge an Zuschauerinnen und Zuschauern erreichen, ...

Andreas Elter: **Alles nur noch Unterhaltung?** (2011)

Ebenso alt wie die politischen Talks ist auch die Kritik an ihnen. [...] Die Hauptkritikpunkte lassen sich wie folgt zusammenfassen – durch die Flut an politischen Talks würden bestimmte Tendenzen bestärkt:

- Personalisierung (es wird nur noch über Personal gesprochen, nicht über Inhalte),
- unzulässige Mischung von Unterhaltung und Politik (Politainment[1] und Boulevardisierung[2] politischer Inhalte),
- immer dieselben Gäste (ein kleiner Kreis von TV-Diskutanten prägt das öffentliche Bild),
- einseitige thematische Ausrichtung (wichtige Themen, die auch hätten diskutiert werden können, kommen nicht mehr zur Sprache),
- Quotenfixierung[3] (populäre Themen werden schwierigen, aber wichtigen Themen gegenüber bevorzugt, es herrsche das Motto: „interessant vor relevant"),
- Talkshows als Ersatzparlament (einige Politiker zeigten sich eher im Fernsehen als im Bundestag),
- übertriebener Selbstdarstellungstrieb der Gäste (telegene[4] Menschen und Dauerredner würden die Überhand über Gäste gewinnen, die sich zur Sache äußern möchten),
- Langeweile durch Überangebot (immer gleiche Themen und Gäste führten letztlich nicht zu mehr Interesse des Publikums an Politik, vielmehr sei das Gegenteil der Fall – dadurch werde der Trend zur Entpolitisierung verstärkt). [...]

1 **Politainment:** Sendeformat, das Informationen zur Politik mit Unterhaltung verbindet
2 **Boulevardisierung:** Entwicklung in Richtung Unterhaltungsjournalismus
3 **Quote:** Prozentsatz der Zuschauerinnen und Zuschauer einer Sendung im Verhältnis zur Menge aller Empfangspersonen
4 **telegen:** fernseh- oder medientauglich

3 a Erstellen Sie anhand des Textes von Andreas Elter „Alles nur noch Unterhaltung" in Ihrem Kursheft eine Mindmap, in der Sie wesentliche Kritikpunkte an politischen Talkshows festhalten.
b Diskutieren Sie in Ihrem Kurs, inwieweit Politik-Talkshows die politisch-gesellschaftliche Meinungsbildung einseitig oder negativ beeinflussen.

4 Verfassen Sie auf der Grundlage Ihrer Mindmap, der Diskussionsergebnisse in Ihrem Kurs und mit Hilfe der Information einen Text, in dem Sie über die Funktion von Politik-Talkshows und über die Kritik an ihnen informieren. Formulieren Sie abschließend eigene Tipps für die „ideale Politik-Talkshow".

Info **Politische Kommunikation in den Massenmedien: Die Politik-Talkshow**

Politische Talkshows werden oft kritisch als **„Politainment"** bezeichnet, d. h. als ein Sendeformat, bei dem nicht die **politischen Inhalte** im Vordergrund stehen, sondern die **Unterhaltung.** Deshalb werden in der Regel Gäste eingeladen, die möglichst **kontrastierende Positionen und Perspektiven** vertreten. Das **Thema** der Sendung ist zudem häufig **einseitig und provokant** formuliert, sodass es in der Sendung insgesamt weniger um Problemlösung geht als um **Dramatisierung,** die zu möglichst hohen **Einschaltquoten** führen soll. Eine Show gilt als erfolgreich, wenn sich im Anschluss eine Vielzahl von Zuschauern in den sozialen Netzwerken darüber austauscht.
Für das Publikum stehen vor allem das **Auftreten der Gäste** und ihre **Interaktion** untereinander oder mit den Moderatoren im Vordergrund. Den Gästen geht es daher in erster Linie darum, einen guten Eindruck zu machen bzw. ihr Image zu pflegen oder zu verbessern. Polit-Talkshows wirken oft wie eine Arena, in der sich der Schlagfertigste durchsetzt und in der die Dynamik von den Moderatoren häufig durch **provokante Fragen** oder **unausweichliche Ja-Nein-Fragen** angeheizt wird. Sowohl **sprachliche Faktoren** (z. B. rhetorische Mittel, provokante oder emphatische Ausdrucksweise, Sprachstil) als auch **außersprachliche Faktoren** (z. B. Mimik, Gestik, Körpersprache, Kleidung) sind wichtige Anhaltspunkte bei der Bewertung der Gäste durch das Publikum. Die **Bildregie** hebt solche Faktoren häufig wertend hervor, indem sie auf Details wie Hände oder Gesichter zoomt.

4.7 Analyse einer politischen Rede

Frank-Walter Steinmeier: **Rede zur Verleihung des Theodor-Wolff-Preises** (2021)

Der Theodor-Wolff-Preis ist ein Journalistenpreis, der seit 1962 jährlich in fünf gleichrangigen Einzelpreisen vom Bundesverband Deutscher Zeitungsverleger in Berlin verliehen wird.

[...] Ich danke heute, noch bevor gleich Lob und Preis Einzelne von Ihnen ereilt, ganz bewusst allen Journalistinnen und Journalisten in unserem Land – allen, die mit dieser ethischen Einstellung und mit dieser Leidenschaft und auch Lust an der Sache ihrer Arbeit nachgehen. [...]

Das Wichtigste, das der kritische Qualitätsjournalismus erhalten und stärken muss, ist Vertrauen der Leserinnen und Leser; ist Vertrauen in die Wahrheit des Geschriebenen, ist Vertrauen in die Integrität und die Unbestechlichkeit der Schreibenden, ist Vertrauen in die unparteiische Vollständigkeit des Berichteten und Vertrauen in die gewissenhafte, kritische Prüfung der Sachverhalte. Und vielleicht auch das Vertrauen darauf, dass es sich bei den Berichtsgegenständen nicht um zufällige Lieblingsthemen des Autors oder einen momentanen Hype[1] handelt. Dass es vielmehr um Geschichten, Personen, Prozesse geht, die für das politische und gesellschaftliche Zusammenleben oder für das persönliche Leben der Leserinnen und Leser wichtig sind.

[...] Guter Journalismus gibt Orientierung. Oder richtiger: Er schafft die Voraussetzungen dafür, dass der Einzelne und die Gesellschaft sich orientieren können. Dazu braucht es nicht in erster Linie entschiedene Meinungen. Meinungen bilden sich die Menschen gerne selber – auch wenn sie gelegentlich gerne wissen möchten, wie erfahrene Beobachter dieses oder jenes einschätzen und bewerten. Die besondere Verantwortung, die mit solchen Meinungsstücken verbunden ist, [...] versteht sich von selbst.

Meistens aber wollen die Menschen in erster Linie kritisch geprüfte, verständlich dargestellte Tatsachen: Transparenz im Unübersichtlichen, Entdeckung von verborgenen Zusammenhängen. Und dazu brauchen Sie, die Journalistinnen und Journalisten, einen möglichst gerechten, möglichst erfahrenen und dennoch immer neugierigen Blick auf die Wirklichkeit. Auf die Wirklichkeit, wie sie die Mehrheit erlebt, und auf die Wirklichkeit, wie sie von Minderheiten erlebt wird.

Wenn der alte Spruch wahr ist, dass die Themen auf der Straße liegen, dann müssen Journalistinnen und Journalisten auch tatsächlich auf die Straße gehen, um die Themen dort zu finden. Twitter & Co. sind keine Straßen des echten Lebens. Sie sind eher die Highways[2] der Empörung.

Um nur ein Beispiel aus diesem aufgerauten Pandemiejahr zu nennen: In der Debatte um #Allesdichtmachen[3], deren Beiträge ich hier im Einzelnen weder politisch noch ästhetisch kommentieren will, hatte ich den Eindruck, die Wellen aus Empörung und Gegenempörung schwappten sehr viel schneller und lautstärker durch die Republik, als dass eine nüchterne Antwort auf die doch nahe liegende Frage gesucht wurde: Wer hat da eigentlich was genau und warum gesagt? Erst Berichterstattung, dann Meinung – diese Reihenfolge in Erinnerung zu bringen, dafür wäre ich nicht nur als Präsident, sondern auch als Leser sehr dankbar.

Mehr als noch vor wenigen Jahren sind wir, das erleben Sie alle sehr viel stärker als viele im Lande, nicht nur einer Überfülle von Informationen ausgesetzt, sondern immer stärker ganz bewussten Fehlinformationen, gezielt gestreuten Lügen und Falschmeldungen. So können Einzelne manipuliert und inzwischen ganze Gemeinwesen destabilisiert werden. Wir haben es in der jüngeren Vergangenheit erlebt – etwa bei dem gezielten Versuch, bestimmte Impfstoffe schlechtzureden oder Ängste in einem Publikum zu wecken, das selber keine Überprüfungsmöglichkeit hat –, und wir sind von den Sicherheitsbehörden gewarnt vor dem, was etwa im Zusammenhang mit der kommenden Bundestagswahl an gezielten Versuchen zur Beeinflussung auf uns zukommen kann. Wenn ausländische Geheimdienste mit gefälschter Identität und brutalen Lügen immer wieder versuchen, anderswo einen Onlinewahlkampf zu führen, müssen wir offenkundig auf der Hut sein. Wir brauchen größtmögliche Transparenz: Wer steckt hinter einem Post[4]? Ein automatisierter Bot[5], eine gekaufte Influencermeinung[6] oder eine unabhängige Bürgerstimme?

Natürlich tragen die digitalen Plattformen in dieser Frage eine entscheidend große Verantwortung. Eine Verantwortung, der sie bis jetzt noch nicht wirklich gerecht werden. Doch auch jede Kontrolle, Filterung, Regulierung funktioniert nicht ohne das einzig wirkliche Gegenmittel: die kritisch geprüfte Darstellung der Wirklichkeit und von Informationen, von denen die Menschen wissen, dass sie ihnen vertrauen können.

[...] Am Ende geht es für die Menschen immer um die gleiche Frage: Können wir dem, was uns gesagt wird, glauben? Das ist die große Verantwortung, in der jede seriöse journalistische Arbeit steht, und ich bin froh um die vielen von Ihnen, die Journalistinnen und Journalisten, Verlegerinnen und Verleger, die sich dieser Verantwortung mit Stolz und Ehrgeiz stellen.

[...] Journalisten sind selber gefährdet. Und zwar nicht nur in Diktaturen oder autoritären Systemen, sondern auch in liberalen, demokratischen Gesellschaften. Ein Artikel, eine Sendung, ein Podcast[7] kann nicht nur einen bösen, ja vernichtenden Shitstorm nach sich ziehen, er kann bis zur konkreten persönlichen Verfolgung und Bedrohung, einschließlich der Familie, führen. Ein Vor-Ort-Bericht bei einer sogenannten Querdenkerdemonstration[8] kann für den Berichtenden, auch das ist geschehen, im Krankenhaus enden.

Das sind unerträgliche, durch nichts zu rechtfertigende Zustände in einer Demokratie!
Ich bin mir jedenfalls sehr bewusst, welchem Risiko sich viele von Ihnen aussetzen, und ich will mich, auch im Namen der Leserinnen und Leser, der Hörer und Zuschauer, bei Ihnen allen bedanken. Bei Ihnen, die das aufbringen, was man in einer freiheitlichen Demokratie für korrekte journalistische Arbeit eigentlich gar nicht aufbringen müssen sollte: Mut und Unerschrockenheit, die Wahrheit herauszufinden und bei der Wahrheit zu bleiben. [...] Vielen Dank.

1 **Hype:** in Massenmedien aufgebauschte Nachrichten
2 **Highway:** Hauptverkehrsstraße; hier: Verbreitungsmedium für Massenemotionen oder -meinungen
3 **#Allesdichtmachen:** Serie von Videos, in denen bekannte Schauspielerinnen und Schauspieler Kommentare zu den Schutzmaßnahmen zur COVID-19-Pandemie abgaben
4 **Post:** Beitrag auf einer Social-Media-Plattform
5 **Bot:** automatisch arbeitendes Computerprogramm, das z. B. massenhaft Antworten oder Kommentare generiert, um Mehrheiten bei einer bestimmten Meinung vorzutäuschen
6 **Influencer:** Einzelpersonen, die in sozialen Netzwerken Produkte oder Lebensstile bewerben
7 **Podcast:** Serie von Audios oder Videos im Internet
8 **Querdenker:** Name einer Initiative gegen die Schutzmaßnahmen zur COVID-19-Pandemie

1 a Notieren Sie in Ihrem Kursheft Ihren ersten Leseeindruck. Wie wirkt die Rede auf Sie?

b Markieren Sie in der Rede eine Schlüsselaussage Steinmeiers. Begründen Sie Ihre Auswahl im Kursheft.

2 Untersuchen Sie den Aufbau und den Gedankengang der Rede von Frank-Walter Steinmeier.

a Markieren Sie mit blauen Linien die einzelnen Abschnitte der Rede. Die ersten Linien sind schon gesetzt.

b Markieren Sie farbig Thesen, Argumente und Stützungen der Argumente (z. B. Beispiele, Erläuterungen, Belege, Zitate). Eine These ist bereits blau, ein Argument rot und ein Beispiel grün markiert.
Tipp: Manchmal beginnt Steinmeier mit einem Argument und führt danach die zugehörige These an.

c Fassen Sie die einzelnen Abschnitte stichwortartig zusammen und beschreiben Sie die Funktion des jeweiligen Textabschnitts sowie die darin enthaltenen Argumenttypen. Übertragen Sie dafür die Tabelle in Ihr Kursheft. Nutzen Sie hierfür auch die Hinweise aus der Information auf S. 95.

Zeilenangabe	Kernaussage, These	Argument, Stützung, Funktion
(Z. 5–10)	*Dank an die Arbeit von Journalisten*	*→ bezeugt Respekt gegenüber der Arbeit von Journalisten*
(Z. 11–24)	*These: Kritischer Qualitätsjournalismus muss das Vertrauen der Leserschaft erhalten in die Wahrheit des Geschriebenen, in die Integrität der Schreibenden, ...*	
(Z. 25–34)	*These: Guter Journalismus schafft die Voraussetzungen dafür, dass der Einzelne und die Gesellschaft sich orientieren können.*	*Plausibilitätsargument: Menschen wollen in erster Linie (...) Tatsachen, nicht Meinungen.*
(Z. 35–43)	*These: Um Orientierung zu schaffen, ist ein genauer Blick der Journalisten auf die Wirklichkeit von Mehrheiten und Minderheiten wichtig.*	
(Z. 44–61)	*These: Journalisten finden ihre Themen im realen Leben, nicht in den sozialen Medien.*	*Beispiel: Debatte um #Allesdichtmachen* *Fazit: erst Berichterstattung, dann Meinung*
...	...	...

d Beurteilen Sie in Ihrem Kursheft die Argumentationsweise von Frank-Walter Steinmeier. Gehen Sie dabei vor allem auf die Art der Argumente ein und führen Sie aus, inwieweit diese Sie überzeugen.
Steinmeiers Rede ist ein Plädoyer für den Qualitätsjournalismus, der an objektiver Wahrheit orientiert ist und einen unmittelbaren Bezug zur Wirklichkeit haben sollte. Dieser Form von Journalismus stellt er einen Journalismus gegenüber, der ...
Dadurch, dass Steinmeier in seiner Rede vor allem Plausibilitätsargumente zur Untermauerung seines Standpunkts verwendet, ...
Diese Argumentationsweise finde ich überzeugend/wenig überzeugend ...

Info **Argumenttypen und ihre Funktionen**

In politischen Reden können Rednerinnen und Redner **verschiedene Argumenttypen** verwenden, um die Zuhörenden von den eigenen Thesen zu überzeugen. Dabei können folgende Argumenttypen unterschieden werden:

- **Faktenargumente** sind überprüfbare Tatsachen, etwa wissenschaftliche Erkenntnisse, Untersuchungen oder Befragungen (Statistiken, Zahlen usw.).
- **Autoritätsargumente** beruhen auf Aussagen anerkannter Autoritäten oder Institutionen.
- **Normative Argumente** beruhen auf allgemein akzeptierten Wertmaßstäben oder moralischen Normen.
- **Analogisierende Argumente** beruhen auf dem Vergleich eines Sachverhalts mit einem ähnlichen.
- **Indirekte Argumente** greifen die Positionen der Gegenseite auf und widerlegen deren Thesen.
- **Plausibilitätsargumente** beziehen sich auf die eigenen Lebenserfahrungen, berufen sich auf den gesunden Menschenverstand oder weisen auf die Gewohnheit oder die Tradition hin.

Durch die Verwendung von **Stützungen** können Redner die Wirkkraft ihrer Argumente stärken sowie einen Sachverhalt besonders anschaulich darstellen.

3 a Markieren Sie weitere sprachlich-rhetorische Gestaltungsmittel, die Steinmeier in seiner Rede verwendet. Einige Gestaltungsmittel sind bereits gelb markiert. Nutzen Sie zur Unterstützung auch die Hinweise aus der Information „Rhetorische Strategien und sprachlich-rhetorische Gestaltungsmittel" auf S. 96.

b Analysieren Sie die sprachlich-rhetorischen Gestaltungsmittel und erläutern Sie deren Wirkungsabsicht (▸ Information S. 96). Übernehmen Sie hierzu die Tabelle in Ihr Kursheft.

Rhetorische Strategie (Wirkungsabsicht)	Sprachlich-rhetorisches Gestaltungsmittel	Textbeleg	Deutung
Kontrastierung	*Antithese*	*„Wahrheit" (Z. 13) und „Lügen" (Z. 66)*	*betont Wichtigkeit des Qualitätsjournalismus, Gefahren von Falschmeldungen*
Veranschaulichung	*Metapher*	*„Highways der Empörung" (Z. 48 f.)*	*betont die massenhafte Ausbreitung von Emotionen und Meinungen*
...			

4 Erklären Sie in Ihrem Kursheft, welchen Appell Steinmeier an seine Zuhörerschaft sendet.
Steinmeier möchte den Journalistinnen und Journalisten seinen Dank aussprechen und sie ...
Steinmeier fordert dazu auf, die Arbeit der Journalistinnen und Journalisten ...

5 Beurteilen Sie, inwiefern es Steinmeier gelingt, seine Zuhörerinnen und Zuhörer zu erreichen.

Durch die Wertschätzung der Arbeit von Journalistinnen und Journalisten, die sich dem Qualitätsjournalismus verpflichtet fühlen, entspricht Steinmeier der Erwartungshaltung seines Publikums, das

Info **Rhetorische Strategien und sprachlich-rhetorische Gestaltungsmittel**

Innerhalb politischer Reden wenden die Sprecherinnen und Sprecher verschiedene **rhetorische Strategien** an, wobei diese häufig mit **sprachlich-rhetorischen Mitteln** zusammenspielen.

Rhetorische Strategie (Wirkungsabsicht)	Sprachlich-rhetorische Gestaltungsmittel	Beispiele
Dramatisieren, emotionalisieren, polarisieren, kontrastieren (Extremsituationen suggerieren, Gegensätze/Gefahren aufzeigen)	**Antithese** (Gegenüberstellung gegensätzlicher Begriffe)	*Wahrheit – Lügen*
Veranschaulichen (komplexe Zusammenhänge einfach darstellen)	**sprachliche Bilder** (Metaphern, Vergleiche, Personifikationen)	*Highways der Empörung*
Gemeinschaftsgefühl wecken	**Anredepronomen**	*Sie, Ihnen*
persönliche Einbindung der Zuhörer/-innen	**Wir-Sätze**	*wir, uns*
Aufwertung der eigenen Position, Aufzeigen von gemeinsamen Werten	**Fahnenwörter** (positiv konnotierte „Hochwertwörter")	*Demokratie, Verantwortung*
Abwertung der Gegenposition, Aufzeigen von Bedrohlichem	**Stigmawörter** (negativ konnotierte Wörter)	*Shitstorm, Falschmeldungen*
Nachdruck zur Einprägung des Gesagten	**Wiederholungen, paralleler Satzbau** und **Aufzählungen**	*ist Vertrauen ..., ist Vertrauen ..., ist Vertrauen ...*

6 Führen Sie die Teilergebnisse aus den Aufgaben 1 bis 5 zusammen und analysieren Sie die Rede. Nutzen Sie hierzu auch die Hinweise aus dem Methodenwissen auf S. 97.

a Verfassen Sie eine **Einleitung**, in der Sie die formalen Bedingungen der Rede zusammenfassen und auf die Intention des Redners eingehen. Sie können hierfür folgende Formulierungshilfen verwenden:

Aspekt der Einleitung	Formulierungshilfe
Redesituation	– *Am ... hielt ... in ... vor ...* – *Anlass der Rede ist die Verleihung des ...* – *Thematisch geht es in der Rede um ...*
Intention	– *In seiner Rede appelliert er ...* – *Zum einen dankt er ..., zum anderen stellt er durch ... deutlich heraus, dass ...* – *Seine Intention ist somit, ...*

b Verfassen Sie den **Hauptteil** Ihrer Redeanalyse. Greifen Sie dabei auf Ihre Ergebnisse aus den Aufgaben 2 bis 4 zurück. Beachten Sie hierbei auch die Hinweise zum Zitieren sowie die gedankliche Verknüpfung von Aussagen auf der hinteren Umschlaginnenseite. Nutzen Sie für Ihren Hauptteil die nachfolgenden Formulierungshilfen und ergänzen Sie weitere Aspekte.

Aspekt des Hauptteils	Formulierungshilfe
Aufbau der Rede und Argumentationsgang	– *Zu Beginn der Rede dankt der Bundespräsident ..., womit er Respekt ...* – *Seine anschließende These, dass ..., verweist darauf, dass ...* – *Guter Journalismus schafft Steinmeier zufolge die Voraussetzungen dafür, dass ...* – *Dies begründet er mit dem Argument, dass die Menschen in erster Linie ... und nicht ...* – *Um dies zu gewährleisten, bräuchten die Journalistinnen und Journalisten einen ... Blick auf die Wirklichkeit ..., so Steinmeier.* – *Diese Wirklichkeit findet sich ihm zufolge ... und nicht ...* – *Hier führt er als Beispiel die Debatte um die Initiative ... in den sozialen Medien an. In dieser Debatte ...* – *Steinmeiers Fazit zu dieser Debatte ist: ...* – *Seine nächste These lautet ...* – *Diesbezüglich führt er ein Plausibilitätsargument an, welches besagt, dass ...* – *Mit der Benennung von ... macht er deutlich, wie sehr ...*

Aspekt des Hauptteils	Formulierungshilfe
Rhetorische Strategien und sprachlich-rhetorische Gestaltungsmittel	– *Der Sprecher nutzt in seiner Rede verschiedene Strategien, mit denen er ...* – *Mit Hilfe der direkten Anrede weckt er zum einen ... und zum anderen ...* – *Vor allem durch die Personalpronomen „wir“ (Z. ...) entsteht das Gefühl ...* – *Durch bewusste Kontrastierung durch die Nomen „...“ und „...“ wird deutlich, ...* – *Eine weitere Strategie bezieht sich auf ..., wobei er mit Hilfe der Metapher „Highways der Empörung“ (Z. ...) auf ... verweist.* – *Steinmeier bekräftigt seine Position durch die Verwendung sogenannter Fahnenwörter. So nutzt er Fahnenwörter wie „...“ (Z. ...), wodurch ...* – *Es lassen sich aber auch Stigmawörter wie „...“ (Z. ...) und „...“ (Z. ...) finden, womit er ...*

c Verfassen Sie abschließend den **Schlussteil** Ihrer Redeanalyse, in dem Sie die Rede bewerten. Greifen Sie dabei auf Ihre Ergebnisse aus den Aufgaben 2d und 5 zurück. Nutzen Sie für Ihren Schluss die nachfolgenden Formulierungshilfen.

Aspekt des Schlussteils	Formulierungshilfe
Fazit	– *Abschließend kann festgehalten werden, dass vor allem die Wiederholung des Begriffs „...“ (Z. ...) das Kernthema der Rede zusammenfasst.* – *Der Redner hat meines Erachtens seine Intention erreicht/nicht erreicht, da ...* – *Vor allem in Zeiten von Falschmeldungen („Fake News“) erhält die Rede eine besondere Bedeutung, da ...* – *Überzeugend/Weniger überzeugend sind meiner Meinung nach zudem/jedoch ...*

Methode **Eine Rede analysieren**

- **Angabe zu Autor/-in und Redesituation**: Redner/-in – Adressaten – Zeitpunkt/Anlass – Thema – Ort
- **Intention**: Redeabsicht bei besonderer Beachtung der Appellfunktion
- **Redeinhalt und Argumentationsgang**: Thema, Problemstellung, Kernaussagen, Gedankengang, Position, Thesen, Argumente, Beispiele
- Analyse der **rhetorischen Strategien** und **sprachlich-rhetorischen Gestaltungsmittel** sowie deren **Wirkungsabsicht**
- **Beurteilung** und **Bewertung** der Rede.

4.8 Klausurtraining: Materialgestütztes Verfassen argumentierender Texte

Aufgabenbeispiel

An Ihrer Schule soll eine Projektwoche zum Thema „Politische Meinungsbildung im 21. Jahrhundert" stattfinden. Verfassen Sie einen Kommentar für ein Begleitheft zur Projektwoche, der sich an die Schüler-, Lehrer- und Elternschaft richtet.

Setzen Sie sich in Ihrem Kommentar mit der Frage auseinander, ob Influencerinnen und Influencer eine Alternative zu den klassischen journalistischen Angeboten zur politischen Meinungsbildung darstellen.
Nutzen Sie dazu die folgenden Materialien (M1–M5) und beziehen Sie Ihr Wissen über politisch-gesellschaftliche Kommunikation aus dem Unterricht mit ein. Formulieren Sie auch eine geeignete Überschrift.

M1 Ricarda Breyton: **„Kuschelig mit allen" – Wohlfühlatmosphäre vor kritischer Distanz** (2021)

Die Wohlfühlatmosphäre ist bei diesem Format Programm. Die beiden Influencerinnen Janine Klose (36) und Lara Urbaniak (31) wollen gar nicht erst harte Fragen stellen. Sie stehen für eine neue Form politischer Information, die nach eigenem Anspruch vor allem zweierlei sein will: sachlich und fröhlich.

Auf Instagram finden sie dafür die perfekte Plattform. Einst als Dienst vor allem für Beauty- und Fitnessblogger gestartet, tummeln sich dort noch immer vor allem Teenager und junge Erwachsene, die an erster Stelle unterhalten werden wollen. Kanäle wie „Insta.Politik" wollen dort Informationen liefern, garniert mit hübschen Bildern und Videos. So verschwimmt die Grenze zwischen Journalismus und Politik-PR. Wer bestimmt eigentlich, welche Inhalte ausgestrahlt werden? Wie unabhängig sind die jungen Blogger? [...] Klose arbeitet für einen CDU-Abgeordneten, Urbaniak seit Kurzem für die Pressestelle der Parteizentrale. Beide behaupten aber, mit ihrem Kanal unabhängig zu sein. [...] Inzwischen hat der Kanal rund 13.000 Follower. Tendenz steigend. Mindestens einmal pro Woche stellen die Frauen Beiträge in ihren Kanal. Vor allem Erklärvideos: Was macht die Bundestagspolizei? Was ist ein Untersuchungsausschuss? Wie funktioniert die Fünf-Prozent-Hürde? Hinzu kommen Interviews mit Abgeordneten und Ministern. Zuweilen führen Urbaniak und Klose die Zuschauer durch den Reichstag. Und manchmal tanzen sie. Gute Laune eben. „Junge Menschen informieren sich überwiegend auf Social Media und schauen eher selten Talkshows", erklärt Klose den Ansatz. Auf „Insta.Politik" wollten sie politische Prozesse und Begriffe für alle leicht verständlich erklären. Sie wollten „Grundwissen zur Politik" liefern, „damit sich auf dieser Basis jeder eine Meinung bilden kann und dadurch vielleicht auch die Nachrichten besser versteht".

Die beiden Frauen sind nicht die einzigen Politikerklärer in den sozialen Medien: Da ist zum Beispiel [...] die Autorin Louisa Dellert, die als Fitnessexpertin startete, inzwischen aber auch viele Politiker interviewt, etwa zum Thema Nachhaltigkeit. Viele fühlen sich weder als Parteipolitiker noch als Journalisten, sie erzählen einfach, wie sie Politik erleben. Das macht die Angebote vergleichsweise authentisch – eine wichtige Währung, um eine junge Zielgruppe zu erreichen.

Wenn sie [...] Abgeordnete treffen, werden Fragen vorher den Büros übermittelt. „Wir haben uns entschieden: Wir sind kuschelig mit allen", sagte Urbaniak vor Kurzem in einem Podcast dazu. In wenigen Fällen seien Fragen auch geändert worden. Die Interviewten haben die Videoformate also mit in der Hand. Unabhängigkeit ist so kaum möglich. Wie reizvoll das ist, erkennen offenbar immer mehr Politiker. Inzwischen stapelten sich die Anfragen von jenen, die auch mal drankommen wollen, berichten die Frauen. Nach dem Beschluss des Teil-Lockdowns im November war etwa Gesundheitsminister Jens Spahn (CDU) bei „Insta.Politik" zu Gast. Dabei zeigte sich, wie leicht sich das Format für Werbung in eigener Sache nutzen lässt. Es sei zum zweiten Mal gelungen, die Welle „zu brechen", sagte Spahn. „Wir wissen, wie es geht." [...] Kein Wort zu den Klagen aus der Wirtschaft. Oder zu der Tatsache, dass die hohen Infektionszahlen damals langsamer als beim ersten Lockdown sanken. Wer nur auf dieses Video klickt, muss das Gefühl haben: Alles läuft bestens.

Generell würden auf Instagram Themen „häufig sehr verkürzt dargestellt, auch bei Medienanbietern", sagt Anna Sophie Kümpel, die an der Technischen Universität Dresden eine Juniorprofessur für Digitale Medien innehat. „Wenn man ein komplexes politisches Thema auf eine Zitat-Kachel packen will, muss man es natürlich herunterbrechen." Dabei gingen Kontextinformationen verloren.

Auch bestehe die Gefahr, dass die Grenze zwischen Öffentlichkeitsarbeit und Journalismus aus Sicht der Nutzer verschwimme. Viele scrollten „nebenher, eher unbewusst" durch Instagram – „mit der Aufmerksamkeit stärker auf dem Post als auf dem Urheber".

Am Ende wisse man zwar noch, dass man ein Thema „bei Instagram gesehen hat", aber erinnere sich eventuell nicht mehr an den Absender und somit nicht an die Intention. Ein Problem, das noch größer wird, wenn aussagekräftige Angaben im Impressum fehlen. [...] Damit bleibt unklar, in welcher Rolle die Person ihren Kanal betreibt.

Die Kommunikationswissenschaftlerin Amelie Duckwitz von der Technischen Hochschule Köln sieht politische Informationsangebote auch von Influencern zwar grundsätzlich positiv. „Es ist wichtig, auch junge Menschen mit politischen Themen zu erreichen, die gerade relevant sind. Nur so kann man eine demokratische Öffentlichkeit erhalten.“ Die Algorithmen förderten aber die Bildung sozialer Blasen: „Die Gefahr besteht, dass Leute nur das wahrnehmen, was sie ohnehin für ihre Meinung halten.“ [...]

M2

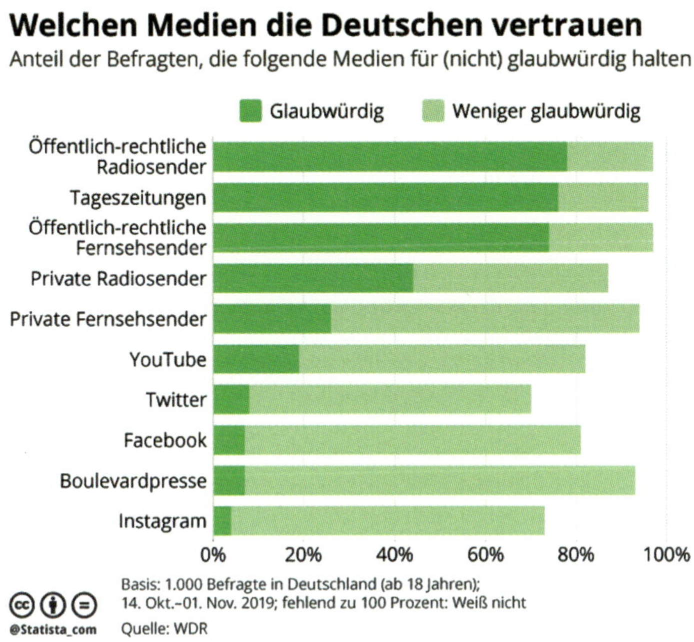

M3 Amelie Duckwitz: **Meinungsführer Influencer?** (2019)

[...] Was macht Influencer aus?

Duckwitz: Influencer sind Menschen, die in der Lage sind, andere durch ihre selbsterstellten Inhalte vor allem auf den Social Media Kanälen zu erreichen und mutmaßlich zu beeinflussen. In der Tradition der Medienwirkungsforschung kann man sie als „digitale Meinungsführer“ bezeichnen. [...] In ihrer begrenzten Zielgruppe verfügen sie über eine sehr hohe Glaubwürdigkeit. Davon abgegrenzt werden Menschen, die Meinungen im Rahmen ihres Berufes verbreiten – Journalistinnen, PR-Experten oder Politikerinnen. [...]

Das Video von Rezo hat gezeigt, dass Influencer neben Lifestyle oder Gaming auch politische Themen behandeln und dafür mit großer Reichweite belohnt werden. Klassische Medien und Politik haben sich damit sehr schwergetan. Warum?

Duckwitz: Das Phänomen ist lange Zeit einfach ignoriert worden. Wie viele Jugendliche und junge Menschen Influencer konsumieren, ist an den Erwachsenen und auch an den professionell Kommunizierenden vorbeigegangen. Vielleicht weil es eine gewisse Hemmschwelle gibt: In YouTube-Videos herrschen schnelle Schnitte, ungewohnte Soundeffekte und ein für Erwachsene seltsamer Humor. Aber es wurde auch mit einer gewissen Arroganz betrachtet. Dann ist der Schrecken natürlich groß, wenn so ein Video nach wenigen Tagen zwei Millionen Mal angeschaut wird. Denn das ist eine enorme Reichweite, die politische Inhalte sonst nur schwer generieren.

Was wäre denn ein guter Weg, mit Influencern umzugehen?

Duckwitz: Erstmal: Das Ganze nicht als Neuland betrachten, sondern akzeptieren, dass Videos für viele junge Menschen ein ganz wichtiger und alltäglicher Kommunikationsweg sind. Anschließend muss man sich mit den Videos auseinandersetzen und nicht nur auf Followerzahlen schauen. Denn es gibt zwar nur wenige Influencer, die sich ausschließlich mit Politik beschäftigen, aber viele setzen sich in ihren Beiträgen mit politischen oder gesellschaftlich relevanten Themen auseinander. Diese Influencer sollte man als Dialogpartnerinnen und -partner auf Augenhöhe akzeptieren. Oder man lässt sich von ihnen einen Tag lang begleiten. Das stellt Authentizität und Nähe her und würde zeigen, was die Politik den ganzen Tag macht. [...]

Was interessiert die Forschung am Phänomen Influencer?

Duckwitz: [...] Die Frage, wie weit der Einfluss von Influencern reicht, ist noch offen. Im Marketing hat man bereits festgestellt, dass sie einen Kaufimpuls wecken können und dass Video-Konsumenten Produkte gekauft haben, die Influencer empfohlen haben. Eine kurzfristige Wirkung haben sie demnach. Die Forschung weiß aber noch nicht, ob ihnen auch eine langfristige Verhaltens- oder Einstellungsänderung gelingt. Im Marketing wäre das beispielsweise eine Verbesserung des Marken-Images und in der politischen Kommunikation eine dauerhafte Veränderung der politischen Haltung oder des politischen Interesses.

M4 Alfred-Joachim Hermanni: **Unterschiede zwischen Influencern und Journalisten** (2019)

- Influencer verfügen in der Regel über keine journalistische Ausbildung, während Journalisten bspw. an einer [...] Journalistenschule [...] weitergebildet und qualifiziert werden.
- Influencer [...] fokussieren sich auf die Social-Media-Kanäle wie Instagram [...] im Internet. Journalisten hingegen arbeiten on- und offline für unterschiedliche Medien und klassisch organisierte Angebote.
- Influencer [...] verfolgen oftmals die Interessen eines oder mehrerer Unternehmen. Journalisten dagegen nehmen ihre publizistische Aufgabe nach bestem Wissen und Gewissen – unbeeinflusst von fremden Interessen und sachfremden Beweggründen – wahr; die Trennung von redaktionellen und werblichen Inhalten wird beachtet. [...]
- Influencer konzentrieren sich zumeist auf ein Themen- und Expertenspektrum, während Journalisten Lebensrealitäten aus unterschiedlichen Perspektiven aufzeigen und vielfältige Meinungen von Menschen darstellen.
- Influencer vertreten ihre eigene Meinung [...]; hinter Journalisten stehen keine Sponsoren und sie recherchieren in der Regel gründlich, bevor sie ihre Beiträge veröffentlichen.

M5

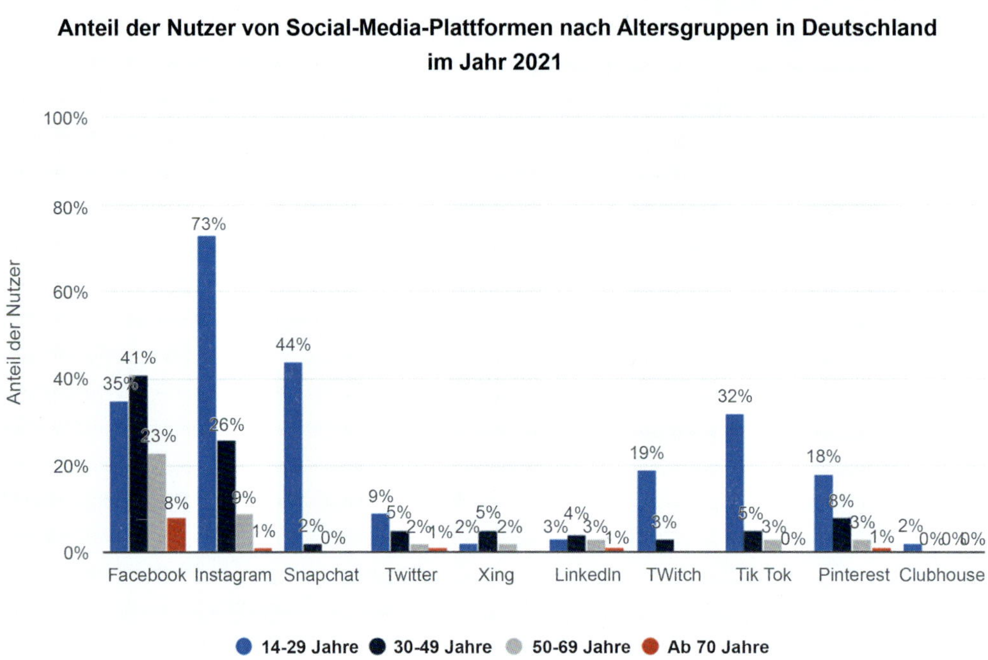

Erster Schritt: Die Aufgabenstellung verstehen

1 a Klären Sie, was genau die Aufgabenstellung von Ihnen verlangt. Halten Sie alle relevanten Informationen fest:

Thema des Textes: ______ *Anlass/Ziel:* ______

Textsorte: ______ *Adressaten:* ______

Inhaltliche Aspekte: ______

– Art und Weise der Bereitstellung politischer Inhalte durch Influencer

– ______

______

b Unterstreichen Sie Eigenschaften, die zur Textsorte Kommentar passen.

wertend • informierend • neutral • meinungsbetonend • objektiv

Zweiter Schritt: Erstes Textverständnis und Ideen formulieren

2 a Verschaffen Sie sich einen ersten Überblick über die Materialien 1 bis 5, indem Sie die Überschriften lesen, die Texte überfliegen und die Diagramme anschauen.

b Notieren Sie, in welchen Materialien Sie vermutlich Informationen und Argumente zu den folgenden Aspekten erhalten:

Art und Weise der Bereitstellung politischer Inhalte durch Influencer: ___

Argumente für und gegen die Meinungsbildung durch Influencer: ___

3 Greifen Sie auf Ihr Vorwissen aus dem Unterricht zurück und fassen Sie in Ihrem Kursheft zusammen, welche Funktion die Medien innerhalb der politischen Meinungsbildung einnehmen. Benennen Sie verschiedene Formate, z. B. die Polit-Talkshow, die für die Meinungsbildung relevant sein können. Gehen Sie dabei jeweils auf die Besonderheiten des Formats im Hinblick auf die politische Meinungsbildung ein.

Dritter Schritt: Die Materialien gezielt lesen und Argumente zusammentragen

4 a Lesen Sie den Text M1 und das Interview M3 gezielt und markieren Sie relevante Aspekte farbig. Erklären Sie stichpunktartig mit Hilfe Ihrer eigenen und der bereits vorgenommenen gelben Markierungen, wie Influencerinnen und Influencer politische Themen in sozialen Medien bereitstellen.

– wollen keine harten Fragen stellen, sondern sachlich und fröhlich informieren

–

b Erläutern Sie anhand des Materials 1 und unter Einbezug Ihrer Kenntnisse aus dem Unterricht, inwiefern Politikerinnen und Politiker die Nachrichtenvermittlung über Influencer für sich nutzen. Welche Konsequenzen entstehen dadurch für die Meinungsbildung der Öffentlichkeit?

c Untersuchen Sie die Texte (M1, M3, M4) im Hinblick auf Argumente für oder gegen die These, dass Influencer eine Alternative zu den klassischen journalistischen Angeboten für die politische Meinungsbildung darstellen. Ergänzen Sie hierzu die Tabelle unter Angabe der Quelle in Ihrem Kursheft.

Pro Meinungsbildung über Influencer	Kontra Meinungsbildung über Influencer
→ Grundwissen zur Politik erhalten (M1)	*→ Grenze zwischen Öffentlichkeitsarbeit und Journalismus verschwimmt (M1)*
...	

d Beurteilen Sie in Ihrem Kursheft die einzelnen Aussagen zum Unterschied zwischen Influencern und Journalisten in Material M4. Inwiefern sind diese auch kritisch zu bewerten?
Nicht immer haben Journalisten eine offizielle Ausbildung oder ... Zudem hält sich nicht jeder Journalist an ...

5 a Werten Sie die Diagramme (M2 und M5) aus (▸ Methode) und vervollständigen Sie anschließend die folgenden Sätze:

Das Diagramm M2 informiert darüber, welche Medien ______ *. Hierbei werden sowohl klassische als auch* ______ *. Dabei fällt auf, dass ca.* ______ *% der Befragten angeben, besonders* ______ *und* ______ *für glaubwürdig zu halten. Weit abgeschlagen mit unter* ______ *% sind hingegen* ______ .

Schaut man sich in Diagramm M5 an, wie alt die Konsumenten der Social-Media-Plattformen Instagram, Snapchat und Tik Tok sind, ______ .

b Formulieren Sie ein kurzes Fazit, indem Sie aus der Auswertung der Diagramme Rückschlüsse für die Aufgabenstellung ziehen.

______

______

______

Methode **Diagramme auswerten**

Die folgenden **Leitfragen** helfen Ihnen, Diagramme systematisch auszuwerten:

- Zu welchem **Thema** trifft das Diagramm Aussagen?
- Wurde eine bestimmte **Personengruppe** befragt? Wie hoch ist die **Anzahl der Befragten?**
- Wurde eine bestimmte **Zeitspanne** oder der Zustand zu einem bestimmten **Zeitpunkt** untersucht?
- Handelt es sich um **absolute Zahlen** oder um **Prozentangaben?**
- Werden in einer **Legende** Farben oder Symbole erklärt? Wenn ja, was bedeuten sie?
- Gibt es einen **Begleittext,** der z. B. die Erhebungsmethoden erläutert?
- Wird eine **Quelle** angegeben?
- Wie lassen sich die **Kernaussagen** zusammenfassen (z. B. nach einem Vergleich des höchsten mit dem niedrigsten Wert)?

Vierter Schritt: Den Schreibplan erstellen und schreiben

6 Erstellen Sie in Ihrem Kursheft eine Gliederung Ihres Textes.

a Überlegen Sie sich einen neugierig machenden Aufhänger / eine These / eine Frage für die Einleitung.

b Entwerfen Sie in Ihrem Kursheft eine Grobstruktur für den Hauptteil.
Sie können sich an folgenden Vorschlägen orientieren:

Funktion der Medien hinsichtlich der politischen Meinungsbildung in der Öffentlichkeit • Benennung verschiedener Formate und Bedeutung im Hinblick auf die Meinungsbildung • Art und Weise der Bereitstellung politischer Informationen in sozialen Netzwerken durch Influencer • Pro- und Kontra-Argumente zur politischen Meinungsbildung durch Influencer in sozialen Medien

c Notieren Sie in Ihrem Kursheft Ideen für ein Fazit, z. B. eine persönliche Stellungnahme zur politischen Meinungsbildung durch Influencer in sozialen Netzwerken.

7 Verfassen Sie den **Kommentar** auf der Grundlage Ihrer Gliederung.

a Formulieren Sie mit Hilfe der Aufgabe 1 eine **Einleitung.** Nutzen Sie die Formulierungshilfen.

Aspekt der Einleitung	Formulierungshilfe
Vorstellung des Themas	– *Mit der fortschreitenden Medialisierung eröffnet sich ein zunehmendes Angebot, um ...* – *Einige Influencer, die früher häufig mit ... auf sich aufmerksam gemacht haben, wenden sich heute immer häufiger ....*
Benennung der Fragestellung und Formulierung des Anliegens	– *Hierbei stellt sich die Frage, ob Influencer innerhalb ...* – *Dieser Kommentar untersucht ...*

b Verfassen Sie den **Hauptteil** Ihres Kommentars. Greifen Sie dabei auf Ihre Ergebnisse aus den Aufgaben 2 bis 5a zurück. Beachten Sie hierbei auch die Hinweise zur gedanklichen Verknüpfung von Aussagen auf der hinteren Umschlaginnenseite. Nutzen Sie für Ihren Hauptteil die nachfolgenden Formulierungshilfen und ergänzen Sie weitere Aspekte.

Aspekt des Hauptteils	Formulierungshilfe
Funktion der Medien hinsichtlich der politischen Meinungsbildung	– *Generell haben Medien bei der politischen Meinungsbildung die Funktion ...* – *Diese eröffnen Politikern verschiedene Möglichkeiten, um ...* – *Hierbei bieten sie der Öffentlichkeit verschiedenen Formate an, z. B. ...*
Benennung verschiedener Formate und Bedeutung im Hinblick auf die Meinungsbildung	– *Nach wie vor beliebt ist bei Politikern die Politik-Talkshow, in der sie ...* – *Aber auch innerhalb sozialer Medien wie Twitter nutzen Politiker ihre Chance, indem sie ...*
Art und Weise der Bereitstellung politischer Informationen in sozialen Netzwerken durch Influencer	– *Nicht nur Politiker inszenieren sich in sozialen Medien, sondern auch Influencer, welche ...* – *Schaut man sich an, wie die Influencer politische Themen bereitstellen, so ergibt sich, dass ...* – *Hierbei legen sie besonders Wert auf attraktive Bilder und ...* – *Aber auch durch allgemeine politische Themen versuchen sie ...*
Pro- und Kontra-Argumente zur politischen Meinungsbildung durch Influencer in sozialen Medien	– *Aber sind politische Influencer ...?* – *Ein Argument für ... ist, ...* – *Positiv ist zudem anzumerken, dass ...* – *Neben den Pro-Argumenten lassen sich jedoch auch ...* – *Ein Kritikpunkt ist vor allem ...* – *Zudem kann nicht ausgeschlossen werden, dass ...* – *Bezieht man die Ergebnisse einer Umfrage mit ein, wird deutlich, ...* – *Auch Medienwissenschaftler wie ... warnen davor, dass ...*

c Verfassen Sie abschließend den Schlussteil Ihres Kommentars, in dem Sie ein Fazit formulieren. Greifen Sie dabei auf Ihre Ergebnisse aus Aufgabe 5b zurück. Nutzen Sie für Ihren Schluss die nachfolgenden Formulierungshilfen:

Aspekt des Schlussteils	Formulierungshilfe
kurzes Fazit	– *Abschließend lässt sich Folgendes feststellen: ...* – *Zwar können Influencer ..., allerdings sollte man auch berücksichtigen ...*
persönliche Stellungnahme und Ratschlag	– *Vor allem kann man Influencer als Ergänzung verstehen, indem sie ...* – *Man muss darauf achten, sich nicht nur in sozialen Medien zu informieren, sondern auch weitere Angebote wie ... für die politische Meinungsbildung heranzuziehen.*

8 Formulieren Sie eine passende **Überschrift** für Ihren Kommentar.

Fünfter Schritt: Den eigenen Text überarbeiten

9 Prüfen Sie Ihren Kommentar mit Hilfe der folgenden **Checkliste**. Überarbeiten Sie ihn gegebenenfalls.

Checkliste **Materialgestütztes Verfassen argumentierender Texte**

- Haben Sie alle **relevanten Informationen** zum Thema aufgenommen, korrekt wiedergegeben und Überflüssiges weggelassen?
- Haben Sie **zusätzliches Wissen** aus dem Unterricht ergänzt?
- Weist der Text eine klare **gedankliche Struktur** auf?
- Hat der Text eine informative **Überschrift?**
- Gliedert sich der Text klar in **Einleitung, Hauptteil** und **Schluss?**
- Weist der Text zu Beginn die eigene **Meinung** auf?
- Enthält der Text die verschiedenen **Argumente,** die für den Kommentar relevant sind?
- Hat der Text ein geeignetes **Fazit,** das den eigenen Standpunkt zusammenfasst?
- Weist der Text typische **Merkmale eines Kommentars** auf, z. B. wertende Argumente?
- Ist der Text für die Leserinnen und Leser **verständlich?**
- Werden die Informationsquellen kurz vorgestellt und **korrekt zitiert** bzw. **paraphrasiert?**
- Ist der Text **sprachlich richtig** (Rechtschreibung, Grammatik, Zeichensetzung)?

10 Notieren Sie Aspekte, auf die Sie bei Ihrem nächsten argumentierenden Text besonders achten wollen.

____

____

____

____

Autoren- und Quellenverzeichnis

S. 4, 12, 17 Georg Büchner: Woyzeck. Cornelsen Verlag, Berlin 2013 **S. 8** Udo Pollmer: Im Erbsenwahn. Deutschlandfunk Kultur, 26.10.2013 **S. 11** Feng Weiping: Märchen und mehr. In: Literaturstraße. Band 18, Nr. 2. Universitätsbibliothek Heidelberg 2017 **S. 15** Gebrüder Grimm: Die Sterntaler. In: Dies.: Kinder- und Hausmärchen, Band 2. Berlin 1819, S. 276 f. **S. 16** Psychische Störungen und die Schuldfähigkeit im Strafrecht. In: Lausitzer Rundschau, 08.01.2016 **S. 19** Martin Halter: Ulrich Rasche inszeniert „Woyzeck" am Basler Schauspielhaus. In: Badische Zeitung, 18.09.2017 **S. 20, 21** Georg Büchner: Briefe. In: Ders.: Werke und Briefe. Insel Verlag, Frankfurt/M. 1962 **S. 21** Friedrich Schiller: Idealisierung als Aufgabe des Dichters. In: Ders.: Werke und Briefe in zwölf Bänden. Deutscher Klassiker Verlag, Frankfurt/M. 1992–2002 **S. 23 f.** Johann Wolfgang Goethe: Faust. Der Tragödie erster Teil. Cornelsen Verlag, Berlin 2013 **S. 24** Franziska Schößler: Einführung in das bürgerliche Trauerspiel und das soziale Drama. Wissenschaftliche Buchgesellschaft, Darmstadt 2003 **S. 25** Annette Graczyk: Mobilität durch Eros – Maries Ausbruchsversuch. In: Georg Büchner Jahrbuch. Band 11. Max Niemeyer Verlag, Tübingen 2009, S. 101 f. **S. 30** Robert Seethaler: Ja, Naivität hat für mich viel mit Offenheit zu tun. In: Arnd Nadolny: Textanalyse und Interpretation zu Robert Seethaler „Der Trafikant". Bange Verlag, Hollfeld 2017, S. 106 **S. 32–35, 37 f., 41, 43 f., 52 f., 54** Robert Seethaler: Der Trafikant. Kein & Aber Pocket, Zürich, 9. Auflage 2014 **S. 35, 37** Manfred Papst: Sigmund Freud im Tabakladen. Neue Zürcher Zeitung vom 27.01.2013 **S. 39 f.** Joachim Riedl: Hitlers willige Vasallen. In: DIE ZEIT Nr. 11/2018, 08.03. 2018 **S. 41** Sigmund Freud: Abriss der Psychoanalyse. In: Ders.: Abriss der Psychoanalyse – Das Unbehagen in der Kultur. Fischer Taschenbuch Verlag, Frankfurt/M. 1972, S. 24–27 **S. 46** Heinrich Kaulen: Jugend- und Adoleszenzromane zwischen Moderne und Postmoderne. In: 1000 und 1 Buch, Heft 1.: Internationales Institut für Jugendliteratur und Leseforschung, Wien 1999, S. 7 **S. 47** Holger Heimann: Interview mit dem Autor Robert Seethaler. In: Stuttgarter Zeitung, 13.05.2016 **S. 48 f.** Johann Wolfgang Goethe: Die Leiden des jungen Werther. In: Ders.: Werke. Hamburger Ausgabe. Bd. 6. C.H. Beck, München 1989, S. 7 f., 19–27 **S. 57** Johann Wolfgang von Goethe: Wanderlied. In: Ders.: Werke. Bd. 1. Insel Verlag, Frankfurt/M. 1981; Gottfried Benn: Reisen. In: Ders.: Sämtliche Gedichte. Klett-Cotta, Stuttgart 1998 **S. 57, 60** Joseph von Eichendorff: Der frohe Wandersmann. In: Ders.: Werke in sechs Bänden. Bd. 1. Deutscher Klassiker Verlag, Frankfurt/M. 1987 **S. 57, 68** Paul Boldt: In der Welt. In: Ders.: Junge Pferde! Junge Pferde! Das Gesamtwerk. Walter Verlag, Olten, Freiburg i. Br. 1979, S. 55 **S. 57, 70** Max Hermann-Neiße: Heimatlos. In: Ders.: Gesammelte Werke. Zweitausendeins, Frankfurt/M. 1986 **S. 57, 72** Hermann Hesse: Stufen. In: Ders.: Sämtliche Werke. Bd. 10. Suhrkamp, Berlin 2002, S. 366 **S. 57, 77** Cro: Einmal um die Welt. Text: Carlo Waibel, Edition Affen Publishing/Universal Music Publishing GmbH, Berlin; GHvC Musikverlag GBR bei Future World Publishing, Hamburg **S. 58** Joseph von Eichendorff: Frische Fahrt. In: Ders.: Werke. Bd. 1. Winkler, München 1970 f., S. 47; Kurt Tucholsky: Luftveränderung. In: Ders.: Gedichte in einem Band. Insel, Frankfurt/M., Leipzig 2006, S. 542; Sarah Kirsch: Fluchtpunkt. In: Dies.: Erdreich. Deutsche Verlags-Anstalt, Stuttgart 1982, S. 28; Norbert Göttler: Brücken von Venedig. In: Das Gedicht. Bd. 21. 2013, S. 55 **S. 62** Wilhelm Müller: Der Wegweiser. In: Ders.: Werke. Tagebücher. Briefe. Bd. 1. Gatza, Berlin 1994, S. 180; Paul Celan: Der unbegangene Weg. In: Ders.: Gesammelte Werke in fünf Bänden, Band 5. Klett-Cotta, Stuttgart 1998, S. 405 **S. 63** Heinrich Heine: Jetzt wohin? In: Ders.: Werke und Briefe in zehn Bänden. Bd. 2. Aufbau Verlag, Berlin und Weimar 1972, S. 104–105; Theodor Fontane: Unterwegs und wieder daheim. In: Ders.: Gedichte. Große Brandenburger Ausgabe. Aufbau Verlag, Berlin 1955, S. 20–22 **S. 64** August von Platen: Es sehnt sich ewig dieser Geist. In: Ders.: Werke in zwei Bänden. Bd. 1. Winkler, München 1982, S. 399–400 **S. 65** Rainer Maria Rilke: Das Karussell. In: Ders.: Die Gedichte. Insel, Frankfurt/M. 1986, S. 476 f. **S. 66** Gottfried Benn: D-Zug. In: Ders.: Sämtliche Gedichte. Klett-Cotta, Stuttgart 1998, S. 24 **S. 69** Else Lasker-Schüler: Weltflucht. In: Die Berliner Moderne. 1885–1914. Reclam, Stuttgart 1987, S. 364 **S. 71** Issam Al-Najm: Die Grenze der Angst. In: Von Fluchten und Wiederfluchten. Geest Verlag, Vechta Langförden 2017, S. 413 f. **S. 73** Bertolt Brecht: Der Radwechsel. In: Ders.: Gesammelte Gedichte. Bd. 3. edition suhrkamp, Frankfurt/M. 1967, S. 1009; Jan Wagner: Hamburg – Berlin. In: Probebohrung im Himmel. Gedichte. Berlin Verlag, Berlin 2001, S. 49 **S. 74** Jürg Halter: Der Herbst liegt im Briefumschlag. Aus: Ders.: Ich habe die Welt berührt. Ammann Verlag, Zürich 2005 **S. 75** Annerose Kirchner: Zwischen den Ufern. In: Von einem Land und vom anderen. Suhrkamp, Frankfurt/M. 1993, S. 31; Hans Magnus Enzensberger: Aufbruchsstimmung. In: ebenda, S. 38 **S. 76** Matthias Politycki: Rote Berge, weiße Wüste, egal. In: Das Gedicht. Bd. 21, 2013, S. 21 **S. 77** Durs Grünbein: Unbekümmert, anderntags, Verse. In: Ders.: Liebesgedichte. Suhrkamp, Frankfurt/M., Leipzig 2008, S. 37 f. **S. 78** Thomas Kraft: Es geht nicht um die Erkundung exotischer Regionen. In: Ders.: 13 Thesen zur Gegenwartsliteratur. In: Deutschmagazin. Heft 1/2008, S. 8 **S. 79** Clemens Brentano: In der Fremde. In: Ders.: Gesammelte Werke. Bd. 1. Frankfurter Verlags-Anstalt, Frankfurt/M. 1923, S. 122; Hilde Domin: Mit leichtem Gepäck. In: Rückkehr der Schiffe. S. Fischer, Frankfurt/M. 1962, S. 49 **S. 83** Christian Lindner: Tweet vom 10.03.2019. https://www.reneschneider.de/wp-content/uploads/2019/03/Bildschirmfoto-2019-03-14-um-08.14.24.png (Zugriff: 18.03.2022) **S. 84** Die Macht der Wörter – Wie Debatten unsere Welt verändern. https://www.die-debatte.org/debattenkultur-livedebatte (Zugriff: 18.03.2022); Simon Urban: Ein Volk der Beleidigten. https://www.zeit.de/kultur/2016-07/deutschland-beleidigtsein-debattenkultur-empfindlichkeit-polemik/komplettansicht (Zugriff: 18.03.2022) **S. 86** Rezo: Die Zerstörung der CDU (Auszug). https://www.youtube.com/watch?v=4Y1lZQsyuSQ (Zugriff: 18.03.2022, Text aus didaktischen Gründen bearbeitet); Martin Kessler: Wo Youtuber Rezo recht hat – und wo nicht. https://rp-online.de/politik/deutschland/ein-fakten-check-wo-der-youtuber-rezo-recht-hat-und-wo-nicht_aid-38994453 (Zugriff: 18.03.2022) **S. 87** Peter Müller: Sind Politiker Schauspieler? https://lehrerfortbildung-bw.de/u_gewi/gk/bs/weiteres/m1/zitate (Zugriff: 18.03.2022); Ulrich Sollmann: Wie man Authentizität inszeniert. https://www.politik-kommunikation.de/politik/wie-man-authentizitaet-inszeniert (Zugriff: 18.03.2022) **S. 88** Thymian Bussemer: Beziehungsstörungen. https://www.politik-kommunikation.de/medien/beziehungsstoerungen (Zugriff: 18.03.2022) **S. 89** Olaf Scholz: Tweet vom 24.09.2021. https://twitter.com/olafscholz/status/1175342660279840768 (Zugriff: 18.03.2022); Markus Feldenkirchen, Veit Medick: Politischer Burn-Out. https://www.spiegel.de/politik/deutschland/bundestagswahl-und-twitter-wie-sozialen-medien-den-deutschen-wahlkampf-vergiften-a-8cfd5153-3262-4a27-ad16-31e540c3b42e (Zugriff: 18.03.2022) **S. 90** Karl Lauterbach: Tweet vom 24.09.2021. https://twitter.com/karl_lauterbach/status/1360899305155014656 (Zugriff: 18.03.2022) **S. 91** Martin Schulte: Warum die totgesagten Politik-Talkshows noch immer leben. https://www.svz.de/deutschland-welt/politik/Politik-Talkshows-Von-Lanz-bis-Illner-ein-Ueberblick-id33336152.html (Zugriff: 18.03.2022) **S. 92** Andreas Elter: Alles nur noch Unterhaltung? Goethe-Institut e. V., Internet-Redaktion, Februar 2012. https://www.goethe.de/de/m/kul/med/20367538.html (Zugriff: 18.03.2022) **S. 93 f.** Frank-Walter Steinmeier: Rede zur Verleihung des Theodor-Wolff-Preises. https://www.bundespraesident.de/SharedDocs/Reden/DE/Frank-Walter-Steinmeier/Reden/2021/06/210609-Theodor-Wolff-Preis.html (Zugriff: 18.03.2022) **S. 98 f.** Ricarda Breyton: „Kuschelig mit allen" – Wohlfühlatmosphäre vor kritischer Distanz. https://www.welt.de/politik/deutschland/article228325103/Politik-auf-Instagram-Wohlfuehlatmosphaere-vor-kritischer-Distanz.html (Zugriff: 18.03.2022) **S. 99** Amelie Duckwitz: Meinungsführer Influencer? https://www.th-koeln.de/hochschule/meinungsbildung-durch-influencer_69879.php (Zugriff: 18.03.2022) **S. 100** Alfred-Joachim Hermanni: Unterschiede zwischen Influencern und Journalisten. https://pr-journal.de/nachrichten/medien/22441-journalismus-vs-influencer-welche-gruppe-der-meinungsfuehrer-ist-staerker.html (Zugriff: 18.03.2022)

Bildquellenverzeichnis

S. 3 o.r.: Andreas Eikenroth: „Woyzeck", Graphic Novel, Edition 52, 2019 **S. 4 m.:** Barbara Braun/drama-berlin.de **S. 10 u.r.:** Andreas Eikenroth: „Woyzeck", Graphic Novel, Edition 52, 2019 **S. 14 o. r.:** akg-images **S. 19 o.:** Sandra Then-Friedrich **S. 37 m.:** interfoto e.k./Friedrich **S. 38 m.l.:** www.lupispuma.com/Volkstheater Wien **S. 38 m.r.:** Schnuerschuh Theater **S. 39 m.r.:** akg-images **S. 51 m.o.:** akg-images **S. 60 o.r.:** akg-images **S. 70 o.r.:** stock.adobe.com/Jonathan Stutz **S. 83 o.l.** (Demonstration): Shutterstock.com/Timeckert; **o.r.** (Steinmeier): dpa Picture-Alliance/Monika Skolimowska; **m.r.:** Deutscher Bundestag/Achim Melde; **u.l.** (Interview): Shutterstock.com/Frame Stock Footage; **u.r.** (Rezo): dpa Picture-Alliance/Henning Kaiser **S. 84 o.r.:** Cornelsen/Jörg Peter **S. 86 m.o.:** dpa Picture-Alliance/Henning Kaiser **S. 88 u.r.:** Imago Stock & People GmbH/FlorianxGaertner/photothek.dex **S. 91 o.r.:** dpa Picture-Alliance/SZ Photo/Süddeutsche Zeitung Photo/Metodi Popow **S. 99/100:** Statista

Redaktion: Sarah Geisel, Jörg Ratz, Verena Walter
Umschlaggestaltung: Studio SYBERG, Berlin (Foto: stock.adobe.com/Gina Sanders)
Layout und technische Umsetzung: Straive, Chennai

www.cornelsen.de

1. Auflage, 1. Druck 2023

Alle Drucke dieser Auflage sind inhaltlich unverändert und können im Unterricht nebeneinander verwendet werden.

Druck: AZ Druck und Datentechnik GmbH, Kempten

ISBN 978-3-06-062108-8

PEFC
PEFC/04-31-2260

PEFC-zertifiziert
Dieses Produkt stammt aus nachhaltig bewirtschafteten Wäldern und kontrollierten Quellen
www.pefc.de